クマ先生とよむ論語

森 熊男

山陽新聞社

「クマ先生とよむ論語」　目次

凡例

・本書に収載した五十二の章句は、『論語』本文の読み下し・現代語訳・簡単な注釈、四コマのイラスト（または『論語』を典拠とする四字熟語）、それに解説を加えた五部から成り立っています。
・読み下しは、現代仮名遣いとし、主として、江戸時代の後藤芝山による訓点本（いわゆる「後藤点」）に従っています。
・現代語訳は、直訳を避け、分かりやすい現代的意味に置き換えています。
・掲載した順序は、『論語』の篇次に従っています。但し、開巻の第一話に限っては、その原則を外し、「温故知新」の言葉を尊んで、巻頭に置きました。
・引用した本文の所収箇所を明示しました。なお、その篇次は金谷治訳注『論語』（岩波書店刊）に従っています。
・本書収載の章句の初出は、山陽新聞社発行の子どもしんぶん「さん太タイムズ」です。二〇一四（平成二十六）年より連載しているものの中から、特に親しみやすい五十二章句を抽出し、一部改変し収録しました。

クマ先生とよむ論語

森 熊男

『論語』と孔子

『論語』とは?

『論語』は、孔子《こうし》とその門人たち、あるいは同時代の人々の言葉や問答を取りまとめた言行録です。その主要な部分を占めているのが孔子と弟子たちとの問答であり、それが対話形式で進められているために登場人物が生き生きと浮かび上がり、孔子の人間性はもちろん、弟子たち一人ひとりの個性も、師弟間の絆の強さまでもが感じとれて、楽しめる本です。

成立した年については諸説ありますが、孔子の死後百年を経て弟子・孫弟子たちが編纂を始め、およそ四百年という長い歳月をかけて現在のような『論語』が出来上がりました。

『論語』の構成

『論語』は十巻二十篇から構成されています。各篇には二十章とか三十章といったある程度まとまった数の章が一つの塊にしてまとめられ、それぞれに名前がつけられています。各篇の名称は、それぞれの篇の最初に掲載されている章句の「子曰」に続く二文字あるいは三文字をとったものです。とはいえ、各篇に収められているそれぞれの章の内容は、篇の名称とは関係なくバラバラです。つまり、時系列はもちろん、テーマなどにも関係なく、長短織り交ぜたさまざまな章句が一つの篇の中に収録されています。こうした構成になっていることから、『論語』は最初から読み始める必要はなく、どこから読み始めても素敵な言葉に出会えるといった楽しさがあります。

なお、前半の十篇と後半の十篇との間には、内容面からも記述のあり方についても明らかな違いが見受けられ、前半十篇の方が、より早くに成立したものと考えられています。

以下に、『論語』の篇次と各篇に収録されている章句の数を記しておきます。

学而《がくじ》第一…16章、為政《いせい》第二…24章、八佾《はちいつ》第三…26章、里仁《りじん》第四…26章、公冶長《こうやちょう》第五…28章、雍也《ようや》第六…30章、述而《じゅつじ》第七…37章、泰伯《たいはく》第八…21章、子罕《しかん》第九…32章、郷党《きょうとう》第十…23章、先進《せんしん》第十一…26章、顔淵《がんえん》第十二…24章、子路《しろ》第十三…30章、憲問《けんもん》第十四…46章、衛霊公《えいれいこう》第十五…42章、季氏《きし》第十六…14章、陽貨《ようか》第十七…26章、微子《びし》第十八…11章、子張《しちょう》第十九…25章、堯曰《ぎょうえつ》第二十…5章

孔子について

孔子は、紀元前五五一年（一説には五五二年・春秋時代）魯《ろ》の昌平郷陬邑《しょうへいきょうすうゆう》（現在の山東省・曲阜《きょくふ》）で生まれ、紀元前四七九年までの七十三年間を生きた学者であり、同時に思想家・教育者・政治家でもありました。姓は孔、名は丘《きゅう》、字《あざな》を仲尼《ちゅうじ》と言いました。孔子は三歳で父親を、

二十四歳で母親を亡くして、貧しい生活をしながら特別な師匠も持たず独学で学問に励んだのです。

孔子は二十代で生国・魯の下級官吏となり、三十歳になったときには学名が上がり弟子たちが集まってくるようになっていました。五十歳になったとき、魯国の君主・定公に仕え、土木を掌る司空《しくう》という高官を経て、大司寇《だいしこう》（現在の法務大臣相当）へと位が上がり、五十六歳の時には、宰相を補佐する役職を兼ねるようになっていたのです。

しかし、孔子の進める国政改革を良しと思わない旧貴族たちの抵抗に遭い、失脚し五十六歳で亡命の旅に出て、以後、諸国を遊歴しながら自らが掲げる政治思想の実現を図るのですが、結局は夢破れて、再び故国に帰り着く六十九歳まで、長い亡命生活は続いたのです。その間には、（人違いとはいえ）拘留生活を送らねばならなかったり、食料が調達できず飢えて立ち上がることもできないほどの困窮生活に陥ったりと、数々の辛酸を舐めたのです。

故国・魯に帰った後の孔子は、門人の教育と古典の整理や著述に専念しながら、七十三年の生涯を閉じたのでした。

孔子の主要な弟子たち

司馬遷の手になる『史記』「孔子世家《せいか》」によれば、孔子は、詩・書・礼・楽《がく》を弟子たちに教えました。弟子たちの数はおよそ三千といわれ、そのうち六芸《りくげい》（当時の君子が備えるべき教養のこと）に通じる者が七十二人（一説では、七十七人）いたといわれています。同じく「仲尼《ちゅうじ》弟子列伝《ていしれつでん》」によれば、六芸に通じた弟子たちはいずれも皆、人並み優れた能力の持ち主であったといわれています。ここでは、中でも傑出した、「孔門《こうもん》の十哲《じってつ》」と呼ばれる十人の弟子たちに加え、孔子の教えが後世に広まっていく上で大きな貢献をした若い弟子二人、合計十二人の弟子たちを紹介しておきます。

「孔門の十哲（別称「四科十哲」）」とは、『論語』先進篇《せんしんへん》に記述されるところの、四つの分野で才能を発揮した以下の人物で、その名は以下の通りです。

・徳行：顔淵《がんえん》・閔子騫《びんしけん》・冉伯牛《ぜんはくぎゅう》・仲弓《ちゅうきゅう》（以上四人）（行動が道徳にかなった人）
・言語：宰我《さいが》・子貢《しこう》（以上二人）（言語表現・弁舌の巧みな人）
・政事：冉有《ぜんゆう》・季路《きろ》（以上二人）（政治的実務に長じた人）
・文学：子游《しゆう》・子夏《しか》（以上二人）（古典に通じ学識豊かな人）

以上の十人です。これに加えて、孔子の教えを後世に広めるにつけて力のあった若い弟子とは、曽参《そうしん》と子張《しちょう》の二人です。

○顔淵《がんえん》＝高い徳性を備えた、孔子最愛の弟子

姓は顔、名は回《かい》、字《あざな》は子淵《しえん》。孔子より三十歳年少の徳行の人。貧しい生活を送りながら、孔子の説く道を誰よりも深く理解した弟子で、学友から、「一を聞けば十を知る」と評されるほどに聡明でした。四十歳という若さで亡くなり、孔子を悲しませました。

○閔子騫《びんしけん》＝「孝」の徳の実践者

姓は閔、名は損《そん》、字は子騫。孔子より十五歳年少の徳行の人。実母が亡くなった後、継母に対して孝行を尽くし、異母弟たちをかわいがりました。魯国の高官から出仕するよう声が掛かった時、悪政を施すその高官の誘いを断固断ったほど高潔な人物でもありました。

○冉伯牛《ぜんはくぎゅう》＝難病にかかった悲運の弟子

姓は冉、名は耕《こう》、字は伯牛。孔子より七歳年少の徳行の人。難病にかかって、孔子を悲しませました。伯牛が『論語』に登場するのはわずかに二回に過ぎません。

○仲弓《ちゅうきゅう》＝微賤な出身を撥ね除けた努力家

姓は冉《ぜん》、名は雍《よう》、字は仲弓。孔子に「仲弓は君主になるべき人物だ」と言わせたほどに人格・能力共々に優れた人でした。父親の出身が微賤であったことを気に病む仲弓でしたが、本人が立派であれば大丈夫だと孔子から激励されて、孔子のもとで学び続けました。

○宰我《さいが》＝孔子学園の問題児？

姓は宰、名は予《よ》、字は子我《しが》。言語（弁舌）に優れた才人ではあるものの、『論語』に登場する五回のうち四回までもが孔子に叱られている場面です。親の喪に服する期間を短くしなくては政事もなにも停滞すると主張する合理主義者でもありました。

○子貢《しこう》＝外交手腕のある孔子学園の大秀才

姓は端木《たんぼく》、名は賜《し》、字は子貢。孔子より三十歳年少の言語に優れた人。頭の切れる雄弁家で、言葉が先行し行動が伴わない所を、孔子は折々に注意しています。孔子の死後、喪の明けた後もさらに三年間、墓を守ったと言われます。彼には、商才もありました。

○冉有《ぜんゆう》＝多芸多才で、政治的才腕を持つ実務家

姓は冉、名は求《きゅう》、字は子有《しゆう》。孔子より二十九歳年少の政治的才腕があった人。有能でありながら積極性に欠けるところがあり、時折、孔子から叱咤激励されています。また、魯の重臣の執事となった時には、職務に専念するあまり大局を見失うことがありました。

○季路《きろ》＝孔子のボディーガード役を務めた、強い義侠心を持つ熱血漢

姓は仲《ちゅう》。名は由《ゆう》。字は子路《しろ》または季路。孔子より九歳年少の政治的才腕を備えた積極的な性格の持ち主。勇気を好み、時に孔子の失笑を買ったり咎められたりしながらも、孔子から愛された弟子で、『論語』に登場する回数は、門人たちの中で最多です。

○子游《しゆう》＝孔子思想の「礼・楽《がく》」の実践者であり、孔子思想の後継者の一人

姓は言《げん》、名は偃《えん》、字は子游。孔子より四十五歳年少。文学（古典理解）で才ありとされ、孔子から教えられた礼・楽を実地に実践して、数少ないユーモアを『論語』の中に潜り込ませた逸材。孔子の死後、帰郷して孔子の思想を広めました。孔子最晩年の弟子の一人。

○子夏《しか》＝真面目な学究肌タイプ。孔子思想の後継者の一人

姓は卜《ぼく》、名は商《しょう》、字は子夏。孔子より四十四歳年少。文学（古典理解）部門で才能を発揮しました。真面目にコツコツと勉学に励む学究肌タイプで、孔子からは高く評価されながら、控えめに過ぎた秀才といえます。孔子最晩年の弟子の一人。

○曽参《そうしん》＝「孝」の徳の実践者であり、孔子思想の後継者の一人

姓は曽、名は参、字は子輿《しよ》。孔子より四十六歳年少。「孔門の十哲」から漏れているものの孔子思想の中核が「忠恕」であることを喝破した真面目な道徳実践者。孔子の教えを受けて、親孝行の道を説いた『孝経《こうきょう》』を書いたとも伝えられています。孔子最晩年の弟子の一人。

○子張《しちょう》＝進取の気性に富み、孔子から多くの教えを引き出した弟子

姓は顓孫《せんそん》、名は賜《し》、字は子張。孔子より四十八歳年少。「孔門の十哲」から漏れているものの見栄えの良い、孔子思想の後継者。過剰なまでに進取の気性に富んでいたが、半面、軽薄で誠実味に欠けるところもありました。孔子最晩年の弟子の一人。

一章《いっしょう》

子《し》曰《い》わく、故《ふる》きを温《たず》ねて新《あたら》しきを知《し》れば、以《もっ》て師《し》と為《な》るべし。

（為《い》政《せい》第二・十一）

訓読文《くんどくぶん》

子曰《ワク》、温《ネテ》レ故《キヲ》而知《レバ》レ新《シキヲ》、可《シ》二以《テ》為《ル》一レ師《ト》矣。

先生の言葉。「昔の人たちが書き残した本や、昔のできごとを学んで、そこからいろいろな教えを学び取って、新しい意味やアイデアを生み出すことのできる人、それは、私たちのお手本にすることができる人です」

注《ちゅう》「温」を「温める」とする読み方もあります。なお、この一章から、「温故知新《おんこちしん》」という四字熟語が生まれました。

学んだことに工夫を加え、伝える

世の中には、いろいろな職業があります。例えば、植木屋さん、料理人さん、お医者さんなど。本当にいろいろです。その人たちは、みんないろいろなことを学んで、その仕事に就いているのです。

例えば、大きなレストランで働いているコックさんのことを考えてみましょう。コックさんになりたい人が身に付けなくてはならない知識や技は大変な量です。料理長をはじめ先輩の料理人のもとで、それらを全て学ばなくてはなりません。見習いのうちは、厨房で材料の下ごしらえ、皮むきばかりをすることになるでしょう。

でも、それを一所懸命やっているうちに、料理長や先輩たちがしている材料のむき方、切り方、あるいはまた、煮方・焼き方、炊き方を見て覚えることができ、そのうちに（お客に出す料理ではなく）、そのレストランで働いている人たちの食事を作る仕事を少しずつ任せてもらえるようになります。そうなれば、料理長や先輩の批評ももらえるようになり、いろいろなことを教わることができます。気の遠くなるような、たくさんの知識や技を料理長や先輩から学んでいくのです。

そうして一人前になると、今度は自分が新しく入ってきた若い人を指導していくことになります。かつて先輩から学んだ料理に関する知識や技を伝えていかなければなりません。その時、長年にわたる修業の間に培った、自分なりの新しい工夫や技を加えて若い人を鍛えていくことになります。

「故《ふる》きを温《たず》ねて新《あたら》しきを知《し》れば、以《もっ》て師《し》と為《な》るべし」とは、こんなことを言い表している言葉なのです。先生から得たさまざまな知識と技を土台にしながら、その上に、自分なりの創意工夫を加えて、若い人に伝えていくのです。新しい時代の課題に立ち向かっていくのです。

これは、コックさんに限ったことではありません。皆さんの回りにも古のことを学び、その中からヒントを得て、新しい時代の課題に取り組んでいるいろいろな職業の師たるにふさわしい人たちがたくさんおられるはずですね。

一章《いっしょう》

子貢《しこう》曰《い》わく、貧《まず》しくして諂《へつら》うこと無《な》く、富《と》みて驕《おご》ること無《な》きは、何如《いかん》。
子《し》曰《い》わく、可《か》なり。未《いま》だ貧《まず》しくして道《みち》を楽《たの》しみ、富《と》みて礼《れい》を好《この》む者《もの》に若《し》かざるなり。

（学而《がくじ》第一・十五）

訓読文《くんどくぶん》

子貢曰《ワク》、貧而《シクシテ》無《ク》レ諂《ウコト》、富而《ミテ》無《キハ》レ驕《ルコト》、如何。
子曰《ワク》、可也。未《ダ》ルレ若《カ》二貧而《シクシテ》樂《シミ》レ道《ヲ》、富而《ミテ》好《ム》レ礼《ヲ》者《ニ》一也。

子貢《しこう》が先生に「たとえ貧しくても人にこびへつらうことなく、裕福であっても人に対して偉ぶらない。こうした生き方は、どうでしょうか」とお尋ねした。先生はお答えになった。「それは良いね。だが、貧乏であっても人の道を学ぶことを楽しみ、裕福であっても（謙虚に）礼を実践していくという方が、もっと良かろう」と。

豆《まめ》知《ち》識《しき》　◆志士仁人《ししじんじん》

志士と仁人。「志士」とは、道や学問に志す人。「仁人」とは、人を思いやれる徳を身に付けた人。

出典は『論語』衛霊公篇《えいれいこうへん》。「子曰《しい》わく、志士《しし》・仁人《じんじん》は生《せい》を求《もと》めて以《もっ》て仁《じん》を害《がい》すること無《な》く、身《み》を殺《ころ》して以《もっ》て仁《じん》を成《な》すこと有《あ》り（先生の言葉。『志のある人や人を思いやることのできる成徳の人は、命惜しさに人の道を損なってしまうようなことはない。むしろその逆に、命を投げ出してでも、人の道を全うしようとするものだ』）」と見えます。志を持つ人は、強いですね。

どんな境遇でも信条を実践

人の一生はさまざまです。富んでいる人もいれば貧しい人もいます。逆境・順境が入り交じるかもしれません。そんな時、人との交わりにおいて、どのような生活信条を持っているのが良いか、子貢《しこう》の問いに対して孔子《こうし》が答えています。

子貢は「貧しくても卑屈になることなく、裕福になっても偉ぶらない」という正しいことを言っています。孔子は、子貢が掲げた生活信条を「良いね!」と認めながらも、もう一段上を目指したらどうかと答えています。貧乏であっても、その境遇を怨めしく思ったり投げやりになったりするのではなく、その中でこそ、人の道を学ぶことを楽しむ姿勢を持つこと。反対に裕福になったら、その時こそ、人と人との関係を折り目正しく成り立たせていく「礼」を謙虚に、きちんと実践していくことを好んで行える人間になること。つまり、孔子は、自分に与えられた境遇を、むしろ積極的に活用して、自分の変わらぬ信条を発揮するくらい大きな度量を持つことを目指すようにと、子貢に勧めているのです。

この章と意味合いは少し違いますが、貧富への対処法の難易について、『論語』憲問篇《けんもんへん》に、「子曰《しい》わく、貧《まず》しくして怨《うら》むこと無《な》きは難《かた》く、富《と》んで驕《おご》ること無《な》きは易《やす》し（先生の言葉。『たとえ貧しくても怨みがましい気持ちを抱かないことは難しいことだ。それに比べれば、裕福な生活ができるのに偉ぶらないでいることは易しいことだ』）」といった言葉が見えます。孔子自身、浮き沈みの激しい人生を送った人ですから、自身の経験を語ったものだったかもしれません。

とにかく、子貢が貧富そのものにとらわれているのに対して、孔子は、そうしたことにとらわれず、自分の生き方・信条を楽しみながら実践していくという、一歩進んだ境地を優秀な弟子の子貢に提示して見せたのです。

実はこの一章は、有名な「切磋琢磨」という四字熟語が生まれてくる話につながっていくのですが、ここでは、いかなる境遇に置かれようとも、人とどのように関わっていくのが良いか、平素からしっかり考えておく必要があることをお話ししました。

一章《いっしょう》

詩《し》に云《い》う、切《せっ》するが如《ごと》く磋《さ》するが如《ごと》く、琢《たく》するが如《ごと》く磨《ま》するが如《ごと》し。

訓読文《くんどくぶん》

詩ニ云ウ、如クレ切スルガ如クレ磋スルガ、如クレ琢スルガ如シレ磨スルガ。

（学而《がくじ》第一・十五）

（孔子《こうし》の弟子・子貢《しこう》の言葉）『詩経《しきょう》』には、「骨や象牙を削って細工を施すように、玉《ぎょく》や石を磨いてつるつるにするように、いやが上にも、磨きに磨きをかける」という言葉があります。

豆知識《まめちしき》

◆察言観色《さつげんかんしょく》

人の言葉をよく聞き分け、顔色をよく見分けること。また、そうすることによって人の性質や考え方を知ること。「言《げん》を察《さっ》し色《いろ》を観《み》る」と読みます。出典は『論語』顔淵篇《がんえんへん》。「夫《そ》れ達《たつ》なる者《もの》は質直《しっちょく》にして義《ぎ》を好《この》み、言《げん》を察《さっ》し色《いろ》を観《み》、慮《おもんぱか》って以《もっ》て人《ひと》に下《くだ》る」とあります。道に通達している人は、正直で正義を愛し、人の言葉や顔色をよく聞き分け見分けて、あれこれと心配りをして人様にへりくだるものだ、の意。何気なく使う言葉、大切にしたいですね。

ライバルと高め合うことで成長

友達と競い合うことは、自分が大きく伸びるチャンスです。あなたは、勉強や稽古事に取り組む時、一所懸命に頑張れる時もあれば、その気になれないこともあるはずです。そんな時、この言葉を思い出してください。この章の孔子《こうし》と弟子との会話を出典として、有名な四字熟語「切磋琢磨」は生まれてきました。

ある時、孔子の弟子・子貢《しこう》が自分の考える理想的な生き方を述べると、孔子は、それも良いがもっと良い生き方があることを教えます。すると、子貢はすかさず『詩経』の言葉を持ち出して、先生のおっしゃることは、さらに研鑽を積むようにと言っておられるのですねと応じた言葉なのです。そうだとすれば、この「切磋琢磨」という言葉、人はどこまでも自ら研鑽を積み重ねていくべきことを説いているだけで、別段、集団の中で、あるいは良いライバルと競い合い磨き合って向上していくという意味合いで使われてはいなかったことが分かります。

言葉というものは面白いもので、長い間、多くの人に使われているうち、その意味合いや用いられ方が変化していくんですね。今では、（集団の中で）良いライバルに恵まれてお互いを高め合っていくという意味で使うことが多いようです。確かに、一人でやり切れることもあるでしょうが、良いライバルに恵まれることで飛躍的な成長を遂げられることも少なくありません。

相撲界では「出稽古」という他流試合を行う慣習があります。環境を変え、より多くの人と稽古することで自分の力を量ったり、新しい技を覚えたりできるので、自分自身の技量を向上させるためには非常に役立つのです。

『論語』衛霊公篇《えいれいこうへん》に「大工は良い仕事をしようと思うなら、まず自分の使う道具を研ぎ上げるものだ。同じように、お前も立派な人間になろうと思うなら、良い先生や友達と付き合うことが大切だ」と、孔子が子貢に教えた話が載っています。自分を向上させようと思うなら、何ごとにつけ良い先生について学び、良い友達に出会うことが大切だと言うのです。

良い出会いに恵まれた時は、ライバル心をかき立てて頑張ってほしいものです。

一章《いっしょう》

孟武伯《もうぶはく》、孝《こう》を問《と》う。子曰《しい》わく、父母《ふぼ》には唯《た》だ其《そ》の疾《やまい》を之《こ》れ憂《うれ》えしめよ。

（為政《いせい》第二・六）

訓読文《くんどくぶん》

孟武伯問ウレ孝ヲ。子曰ワク、父母ニハ唯ダ其ノ疾ヲ之レ憂エシメヨ。

その意味《いみ》は…

（魯《ろ》の家老職にある孟懿子《もういし》の長男）孟武伯《もうぶはく》が、孔子《こうし》に親孝行について質問した。
孔子は、次のように答えた。「父母には、自分の病気のこと以外では心配をかけないようにするのが親孝行というものです（病気はやむを得ないことであるので、その他のことでは心配をかけないようにすることです）」

「病気《びょうき》以外《いがい》で心配《しんぱい》かけないようにすること」が親孝行《おやこうこう》か…
そういえば子《こ》どもの頃《ころ》はいろいろ心配《しんぱい》かけたなぁ
宿題《しゅくだい》は？
忘《わす》れ物《もの》ない？
ケンカしたの？
気《き》をつけなさい
そんなことしたら危《あぶ》ないわよ
こんなに汚《よご》して！転《ころ》んだの？ケガしてない？
……あれ？もしかして今《いま》も…？
仕事《しごと》はちゃんとやってるの？
ごはん食《た》べてる？
彼女《かのじょ》いないの？
掃除《そうじ》してるの？
危《あぶ》ないことしていないでしょうね？
汚《よご》れ物《もの》はため込《こ》まず洗濯《せんたく》しなさいよ
心配《しんぱい》かけてごめんよかーちゃん！
いつもありがとぉ
心配《しんぱい》するのも親《おや》の仕事《しごと》よ★

両親に感謝する気持ち忘れずに

最近、学校でも家庭でも親孝行について教えられなくなりました。しかし、親孝行という徳はとても大切なものです。なぜなら、社会を構成する基本に親子というものがあるからです。この大切な「孝」という徳が顧みられなくなったのは、江戸時代から戦中に至るまで、君主に対する臣下の「忠（忠義）」と一緒に両親に対する子どもの「孝（孝行）」という形で、上から下へ一方的に強制して、下のみが務めを要求される道徳として唱えられたためでしょう。しかし、社会が幸せになるためには、親だけ（あるいは君主だけ）が幸せであれば良いということはあり得ません。そのためには、それぞれ関係を持つ人々がお互いに気持ちよく幸せに過ごすために双方共に努力しなくてはなりません。孔子《こうし》は「斉《せい》の景公《けいこう》、政《まつりごと》を孔子《こうし》に問う。孔子《こうし》、対《こた》えて曰《い》わく、君《きみ》、君《きみ》たり、臣《しん》、臣《しん》たり。父《ちち》、父《ちち》たり、子《こ》、子《こ》たり（君主は君主らしく、臣下は臣下らしく、父親は父親らしく、子どもは子どもらしく、お互いに自分の務めを果たすことが大切です）」（顔淵篇《がんえんへん》）と、説いています。ここで言われる子どもの務めが親に対する孝行であるならば、親が親らしくあるために、子どもに対して果たす務めとは何でしょうか。

魯国《ろこく》の家老職《かろうしょく》にあった季康子《きこうし》から、人民を自分に対して忠義を尽くすようにさせる方法を尋ねられて、孔子は「之《これ》に臨《のぞ》むに、孝慈《こうじ》なれば則《すなわ》ち忠《ちゅう》ならん（あなたが人民に臨むに当たって、まずご自身が家庭内で親に孝行を尽くし、子どもに慈愛深く振る舞われれば、人民もあなたに忠義を尽くすようになるでしょう）」（為政篇《いせいへん》）と答えています。つまり、親は慈愛深く子を育むといった務めが課されているのです。決して一方だけが強いる道徳など、孔子は説いていないのです。

想像してみてください。あなたが幼かった時、自分一人で服を脱ぎ着したり、食事をとったりすることができましたか？　何一つできなかったはずです。それをお父さんお母さんが、長い時間をかけて慈愛深く育んでくださったおかげで、今、あなたは、それら全てを自分一人でできるようになっているのです。そこに思い至れば、両親を敬い感謝する気持ちが必要だと、きっと分かると思います。

一章《いっしょう》

子曰《しい》わく、学《まな》びて思《おも》わざれば則《すなわ》ち罔《くら》く、思《おも》いて学《まな》ばざれば則《すなわ》ち殆《あやう》し。

訓読文《くんどくぶん》

子曰ワク、学ビテ而不レバレ思ワ則チ罔ク、思イテ而不レバレ学バ則チ殆シ。

（為政《いせい》第二・十五）

その
意味《いみ》は…

孔子《こうし》の言葉。「本を読んだり先生から教わったりしたことをただやみくもに覚え込むだけで、どうしてそうなるのかその理屈まで考えてみなければ、何ごともはっきりしない。その一方、自分の頭で考えるだけで本や先生から学ばないとすれば、（その知識や知恵はとても狭いものになって）独りよがりとなり、危なっかしくて仕方ない」

覚《おぼ》えるだけでは
学《まな》んだといえない
だってこの本《ほん》に
そう書《か》いてありました！
自分《じぶん》の頭《あたま》でしか
考《かんが》えないのもよくない
こんなこと思《おも》いつく
オレすごい！オレ天才《てんさい》！
本《ほん》を読《よ》み
自分《じぶん》で考《かんが》え
人《ひと》の
意見《いけん》を聞《き》き、
さらに考《かんが》えを深《ふか》めていく
知識《ちしき》とは
そうして
身《み》につけて
いくものです

注《ちゅう》　「罔《もう》」は「網」のもとの字で、頭から網を被って物を見るようにはっきりしないこと。「殆《たい》」は、それ以上やったら命が危ないこと。

「学ぶ」「考える」バランスが大切

「学び」に関わる一章です。孔子《こうし》の言う通り、学んだり教わったりしたことを何も考えずに覚え込むだけでは、その知識は本当に正しいのか、どんな時、どんなふうに自分の生活に生かせるのかがはっきりしません。反対に、自分であれこれ考えるだけでは、自分の考えから抜け出せず、次の考えになかなか行き着けません。学ぶこと、考えることのバランスが大切なのです。

一つ具体例を挙げてみましょう。『後漢書《ごかんじょ》』に「虎穴《こけつ》に入《い》らずんば虎児《こじ》を得《え》ず」という名言があります。(子育てをしている)虎のねぐらに入って行かなければ、虎の子は捕まえられないということから、「危険を冒さなければ大きな利益は得られない」ことのたとえとして使われます。班超《はんちょう》という将軍が戦争に出た時、敵の大軍に出くわして窮地に陥り、何とかそれをはねのけようとして、味方の軍に放った叱咤激励の言葉の一部分です。だから、この勇ましい教えは、日常生活の中でいつも使えるわけではありません。しかし、ここ一番という時には、勇気を奮い起こしてこの教えに従うことも必要でしょう。

ところで、「君子《くんし》、危うきに近寄らず（できた人というのは、危険なことには近づかないものだ）」という言葉もあります。自分からすき好んで危険に身を投ずるものではないと、「虎穴に入らずんば……」と相反したことを言っています。にもかかわらず、この二つの教えは長い間、私たちの生活の知恵として生かされてきました。つまり、知識はただ知識として覚え込んでおけば良いというものではないことが分かります。人生の大切なときにどの言葉を思い浮かべるか、知恵を働かせてこその知識です。それと同時に、自分一人で考えるだけで先人のものを学ばないとすれば、時間がかかるだけではなく、考えられる量だってわずかなものになってしまいます。だから、一つの教えを学んだとしたら「どんな理屈になっているのかな」「自分の経験や知識に照らして納得がいくかな」「もっと違った考えはないかな」「どんな時に生かせるかな」などと、あれこれ考えてみるのです。

自分が得た知識を、必要に応じて自分の生活の中に生かせる知恵にすること、それが大切なんですね。

一章《いっしょう》

子《し》曰《い》わく、由《ゆう》よ、女《なんじ》に之《これ》を知《し》るを誨《おし》えんか。之《これ》を知《し》るを
之《これ》を知《し》るを為《な》し、知《し》らざるを知《し》らずと為《な》せ。是《これ》、知《し》るなり。

（為政《いせい》第二・十七）

訓読文《くんどくぶん》

子曰ワク、由ヨ、誨エンカ二女ニ知ルヲ一レ之ヲ乎。知ルヲレ之ヲ為シレ
知ルトレ之ヲ、不ルヲレ知ラ為セレ不トレ知ラ。是レ知ル也。

注《ちゅう》 「由《ゆう》」とは、孔子《こうし》の門人の名。姓は仲《ちゅう》、名は由《ゆう》、呼び名は子路《しろ》。「女《じょ》」は、「汝《じょ》」と同じで、二人称「あなた」の意。「誨《かい》」とは、相手の分かっていないことを言葉でもって説明し、さとすこと。

孔子《こうし》が言った。「由《ゆう》よ、おまえに知るということはどういうことかを教えておこう。分かっていることを知っているとし、分からぬことは知らぬとする――これが知るということだよ」

豆知識《まめちしき》 ◆博文約礼《はくぶんやくれい》

広く物事の道理を明らかにし、その学んだことを、礼を基準にしてまとめ、実行すること。『論語』雍也篇《ようやへん》に「君子《くんし》は博《ひろ》く文《ぶん》を学《まな》び、之《これ》を約《やく》するに礼《れい》を以《もっ》てせば、また以《もっ》て畔《そむ》かざるべきか（広く学問して知識・教養を身に付け、それらを社会の道徳的きまりに照らして実行していけば、人の道からはずれることはあるまい）」と見えます。確かに、学んだことが、人の道から外れないような形で日々の行動・実践として生かせれば、本当によいですね。

分かる、分からないを常に振り返る

この一章では、孔子《こうし》は、自分が知っていることと知らないこととをはっきりと区別すること、それが知るということにつながっていく、と述べています。

「分」という漢字は、「わける」と「わかる」の二つの訓読みがあります。つまり「分けること」と「分かること」とは、つながっているのです。どこまで分かっているのか、どこが分かっていないのかがはっきり区別できれば、まず知ることの最初の手掛かりができたことになるでしょう。その後は、分からないところを分かるために一所懸命に学ぶことです。学んでいった後、知っていると思っていたことも、本当には分かっていなかったことに気づくことがあるかもしれません。その時は、謙虚に初心に戻り、何が分かり何が分からないのかを分けなくてはなりません。つまり、分かるという作業は、分けるということを起点として学んでいくことにあるのです。

ところで、古代の中国や日本では、人は実名と呼び名の二つを持っていて、実名を呼ぶのは特別の場合でした。孔子は子路《しろ》を実名の「由《ゆう》」と呼んでまで、彼に「知る」ということをどうしても教えておく必要があると考えたのです。なぜなら、子路には孔子の教えを深く考えもせず、先生の真意を理解しないままに行動することがあったのです。

『論語』先進篇《せんしんへん》にみえるお話を引いてみます。ある時、子路が弟弟子の子羔《しこう》を費《ひ》という町の長官に推薦しようとしたところ、孔子は「彼はまだ歳も若く、経験も足りないから、政務に失敗して、傷つくことになろう」とたしなめました。しかし、子路は「書物を読むだけが学問ではありません。実践の中で学んでいくでしょう」と述べて、孔子を困惑させています。このお話に見えるように、孔子は、生半可にしか理解していないことを、よく分かっているかのように振る舞う子路に、分かっていることと分かっていないこととを、常に謙虚に分けるようにと、一度、しっかりと戒めておきたいと思ったのです。

分からないことは人に聞けば良いし、書物を読んで勉強すれば良いのです。私たちもまずは自分が本当にものごとをよく分かっているかどうか、常に振り返る心を持つことが大切ですね。

一章《いっしょう》

子曰《しい》わく、仁《じん》に里《お》るを美《よ》しと為《な》す。択《えら》んで仁《じん》に処《お》らずんば、焉《いずく》んぞ知《ち》たるを得《え》ん。

訓読文《くんどくぶん》

子曰《ワク》、里《ルヲ》レ仁《ニ》為《ス》レ美《シト》。択《ンデ》不《ンバ》レ処《ラ》レ仁《ニ》、焉《ンゾ》得《ン》レ知《タルヲ》。

（里《り》仁《じん》第四・一）

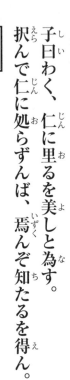

その意《い》味《み》は…

先生が言われた。「いつも人を思いやることを一番に考えて行動する、それはとても善いことだ。何を大切にして行動するか、自分で自由に選べるのに、その善いものを選ばないとすれば、知恵のある人、賢い人とは言えないね」

将来《しょうらい》は出世《しゅっせ》して権力《けんりょく》を手《て》に入《い》れたい！
あ！ケシゴムわすれた！
まあ夢《ゆめ》は人《ひと》それぞれじゃがのう…
産業《さんぎょう》を発展《はってん》させ教育《きょういく》の向上《こうじょう》医療福祉《いりょうふくし》の充実《じゅうじつ》あ、これ使《つか》いなよ
ありがとー たすかるよ！
意外《いがい》に考《かんが》えとった！
観光事業《かんこうじぎょう》も拡大《かくだい》消費《しょうひ》を促《うなが》し地域振興《ちいきしんこう》につなげ安全安心《あんぜんあんしん》に生活《せいかつ》できるおばあちゃんあぶない！
あらあら
ふむ…
荷物《にもつ》これだけ？送《おく》っていくよ
ありがたやありがたや
おぬしにはいろいろ期待《きたい》できそうじゃ

注《ちゅう》「美」とは、善なりと説明されていて、良いこと・価値のあるものの意。「知」は、ここでは賢いの意。善し悪しを的確に知ること。

人を思いやること　行動の基準に

「人を思いやることを一番に考えて行動し、生きていくことは素晴らしい」と孔子《こうし》は言っています。

同じ里仁篇《りじんへん》に、次のような一章があります。「子曰《しい》わく、不仁《ふじん》なる者《もの》は、以《もっ》て久《ひさ》しく約《やく》に処《お》るべからず、以《もっ》て長《なが》く楽《たの》しきに処《お》るべからず。仁者《じんしゃ》は仁《じん》に安《やす》んじ、知者《ちしゃ》は仁《じん》を利《り》とす」。（その現代語訳は「思いやりの心を持たない人は、長く慎ましい生活をすることができない。（そんな生活を続ければ必ず悪いことをしでかすだろうから）。また、長く楽しい生活もできない。（必ず勝手なことをして不幸を招くだろうから）。仁（思いやりの心）を身に付けた者は、安心して人を思いやる生活を続けることができる。知恵を働かせることができる賢い人は、仁を身に付けることこそが自分に役立つと考えてそれを手に入れようと頑張る」となります。

思いやりの心を身に付けた人はもちろん、まだ身に付けていない人も、知恵を働かせることができる賢い人は、それを手に入れることが結局は自分のためであることを知っているので、思いやりの心を身に付けようと懸命になるというのです。孔子は、仁に身を置くこと、人を思いやることの大切さを幾度となく訴えていると言えるでしょう。

ところで、この一章にはもう一つ大事な教えがあります。それは、いろいろなものの中から自由に選択ができるとなれば、そこでは知恵を働かさなければならないという教えです。人の生き方はさまざま。だからこそ、人は知恵を絞って自分の生き方を賢明に選び取らなくてはならないのです。

「自分さえ良ければいい」「今が良ければそれでいい」といった利己的、刹那的な風潮が見られるこの時代、他人を思いやる心に目覚め、それを善しと考える人が多くなれば、この世の中は住みやすくなります。短い一章ですが、じっくりと読み味わいたいものですね。

一章《いっしょう》

曽子《そうし》曰《い》わく、夫子《ふうし》の道《みち》は、忠恕《ちゅうじょ》のみ。

訓読文《くんどくぶん》

曽子曰《ワク》、夫子之道《ハ》、忠恕《ノミ》而已矣。

（里仁《りじん》第四・十五）

曽子《そうし》の言葉。「私たちの先生である孔子《こうし》は、この世の中で人と人とが気持ちよく生きていく上で一番大切なものとは、まごころから出た思いやりであることを、ずっと変わらず私たちに説き続けられました」

真心から出た思いやり大切に

孔子《こうし》が生涯をかけて説き続けた大切な教えが何であったのかという、極めて重要な一章です。

ある時、孔子が多くの弟子を前にして、ただ一人、曽子《そうし》に向かって、「参《しん》（曽子の名）よ、お前は私が一つの理想を掲げてこれまで貫き通してきたもの、それが何だか分かるかな？」と尋ねられた。すると、曽子はひとこと「はい」とお答えした。先生が部屋から出ていかれると、他の弟子たちはわけがのみ込めず、曽子にどういうことかを尋ねた。すると、曽子は「これまで先生が私たちに説き続けてこられた大切なもの、それは、忠恕《ちゅうじょ》をおいてほかにはありません」と答えたというのです。

曽子が言い当てた、孔子の大切な教え「忠恕」とは何でしょうか。「忠」とは真心。「恕」とは「思いやり」です。つまり、「忠恕」とは「真心から出た思いやり」ということで、曽子は先生が大切にされてきた教えを、そのように理解していたということです。

ところで、孔子は人と人とがこの世で気持ちよく生きていく上で大切なものとして、「仁」や「忠恕」などを提示しています。別の章で、「恕」について、「己《おのれ》の欲《ほっ》せざる所《ところ》は人《ひと》に施《ほどこ》すこと勿《なか》れ」と説明を加えています。「自分が（人からされて）嫌だと思うことは、人にもしないことだ」という意味です。孔子が生きた時代は、春秋時代といって、あちこちで戦乱が起こり、家来が自分の主君を打ち倒すような風潮が日常化している時代でした。だから、人々は皆、自分が生きていくことに精いっぱいで、人を思いやることなどできなかったのです。そんな中で、「仁」や「忠恕」を唱えながら天下を説き回ったというのですから、驚異というほかありません。二千五百年も昔の思想とはいえ、決して時代錯誤ではなく、むしろ現代にこそ広めたい考えなのです。「自分だけ・自国だけ」といった発想を排除して、お互いを思いやることができれば、悪意あるいたずら・いじめはもちろん、世界的な課題である環境・食糧・エネルギー問題などにも、解決の道が開かれることでしょう。住みやすい世の中になるに違いありません。

一章《いっしょう》

子《し》曰《い》わく、古者《こしゃ》、言《げん》をこれ出《い》ださざるは、躬《み》の逮《およ》ばざるを恥《は》ずればなり。

訓読文《くんどくぶん》

子曰ワク、古者、言ヲ之不ルハレ出ダサ、恥ズレバ二躬之不ルヲ一レ逮バ也。

（里仁《りじん》第四・二十二）

先生の言葉。「古人が軽々しく言葉を口にしなかったのは、自分自身の行動が口から出た言葉に追いつかないことを恥だと考えたからだ」と。

注《ちゅう》「古者」とは、二字で古代の意。実際の意味としては、古い時代の人を言う。「躬」とは、自分自身で行うこと。

言行一致で信頼勝ち取る

孔子《こうし》が生きていた春秋時代は、人のものの考え方や行動の仕方がどんどん変わっていく激動の時代でした。孔子は、この一章から知られるように、新旧の時代の人々を比べて、古い時代の人たちに軍配を上げているのです。というのは、新しい時代の人たちが言葉と行動に対して無頓着であるのに比べて、古い時代の人たちは言行一致を心掛けていたとして、それを慕わしいものだと考えていたのでしょう。『論語』ではしばしば、言葉と行動の関係について説かれています。

子貢《しこう》、君子《くんし》を問《と》う。子曰《しい》わく、先《ま》ず其《そ》の言《げん》を行《おこな》い、而《しか》して後《のち》に之《これ》に従《したが》う。（子貢に「ひとかどの人間というのは、どういう人を言うのでしょう」と尋ねられたのに対し、孔子は「まず自分が言おうとすることを実践し、その後で、きちんと説明することのできる人のことだ」）（為政篇《いせいへん》）。

子曰《しい》わく、君子《くんし》は言《げん》に訥《とつ》にして、行《おこな》いに敏《びん》ならんと欲《ほっ》す。（学問や徳性の備わった立派な人というのは、言葉を発するについては、弁が立つと言うよりむしろ口下手で良いが、ことを行うについては素早くありたいと願うものだ）（里仁篇《りじんへん》）。

この二つの章は、言行一致・有言実行こそが最善ではあるが、口で言うほどたやすくなく、至難の技である。そうだとすれば、次善の策として、不言実行を心掛けなくてはならないと説いているのです。ぜひとも避けなくてはならないのは、言うだけ言って実践が伴わないことです。しかしながら、最近の、人の上に立っている人たちの有り様を見ていると、言っていることとやっていることがばらばらだと、孔子は嘆いているのです。

言うこととやることが食い違うと、途端に人からの信頼を失ってしまいます。漢字の「信」は、「人」と「言」とからできていて、一度口から出したことをどこまでも貫き通す人間の行為を表しています。そんな行為をする人は偽りがないと見なされて、信頼を勝ち取ることができるというわけです。孔子が、本当の意味で言葉を大切に考えていたことが、よく分かりますよね。

一章《いっしょう》

子曰《しい》わく、約《やく》を以《もっ》てこれを失《しっ》する者《もの》は、鮮《すくな》し。

（里仁《りじん》第四・二十三）

訓読文《くんどくぶん》

子曰《ワク》、以《テ》レ約《ヲ》失《スル》レ之《ヲ》者《ハ》、鮮《シ》矣。

孔子《こうし》の言葉。「何事につけ控えめに奥ゆかしく行動していれば、めったなことで失敗することはない」

豆知識《まめちしき》 ◆箪《たん》食《し》瓢《ひょう》飲《いん》

ごくごくわずかな食べ物で暮らすこと。極貧の中にも楽しみを見つけ出す・清貧に甘んじること。出典は『論語』雍也篇《ようやへん》。「一箪《いったん》の食《し》、一瓢《いっぴょう》の飲《いん》、陋巷《ろうこう》に在《あ》り。人《ひと》は其《そ》の憂《うれ》いに堪《た》えず。回《かい》やその楽《たの》しみを改《あらた》めず（顔回《がんかい》は狭く汚い路地裏に住み、わりご一杯の飯、ひさご一杯の飲みものの生活をしている。人はそんな生活には耐えられないであろう。しかし、顔回《がんかい》はそんな生活の中で、人が生きてゆくべき道を学ぶことを楽しんでいる）」と見えます。

注《ちゅう》「約」とは引き締めること。ここでは、行動を引き締めて、控えめに奥ゆかしく立ち居振る舞うこと。

控えめで奥ゆかしい行動を

わずか九文字から成り立っている短い一章です。『論語』には、人間が備えるべき徳性の一つとして、控えめで奥ゆかしいことが、高く評価され推奨されている章を、しばしば見いだすことができます。

学而篇《がくじへん》に、弟子の子貢《しこう》が、孔子《こうし》が天下を遊歴する間に、いろいろな国々の君主から国の政治について相談を受けた理由として、「先生は温《おん》（穏やかさ）・良《りょう》（素直さ）・恭《きょう》（恭しさ）・倹《けん》（慎ましく、行いに締まりがある）・譲《じょう》（控えめで人に譲る）といった五つの人柄を備えておられるから、時の君主たちから国政に関して相談を持ちかけられたのだ」と明言している章があります。

また、為政篇《いせいへん》に見える次の一章には、「子曰《しい》わく、吾《われ》、回《かい》と言《い》うこと終日《しゅうじつ》、違《たが》わざること愚《ぐ》なるが如《ごと》し。退《しりぞ》きて其《そ》の私《わたし》を省《かえり》みれば、亦《ま》た以《もっ》て発《はっ》するに足《た》れり。回《かい》や愚《ぐ》ならず（先生が言われた。『私は顔回《がんかい》と朝から晩まで話をしても、顔回は一切異論を差し挟まず、ただ黙って聞いているだけで、まるで馬鹿者のようにみえる。しかし、私の膝元を引き下がった後の彼の私生活を見てみると、私の述べたことをさらに発展させて実践している。顔回は本当に見どころのある弟子だ』）」とあります。顔回の出しゃばるでもなく、あれこれと異論を唱えるわけでもない、おとなしく控えめな態度が、孔子の好感をかっていることが知られる一章だといえます。

ところで、今回の一章には昔から、本文中の「約」をぜいたくに対する「倹約」の意味に考える別の解釈があります。それに従えば「経済的に切り詰めた生活をしていれば、めったなことで失敗することはない」といった意味になります。なるほど、ぜいたく三昧をしていれば、生活が困窮するといった結果は目に見えています。ということで、確かに、これでも立派に意味が通じます。

いずれの解釈に従おうとも、もったいないという思いを忘れたぜいたくな生活と、行き過ぎた自己表現・自己主張がまかり通っている今の世の中には、大事な教えであると思われるのです。どちらの解釈も共々にじっくりとかみしめてほしい一章です。

一章《いっしょう》

子《し》曰《い》わく、徳《とく》は孤《こ》ならず。必《かなら》ず鄰《となり》あり。

訓読文《くんどくぶん》

子曰ワク、徳ハ不レ孤ナラ。必ズ有リレ鄰。

（里《り》仁《じん》第四・二十五）

その意味《いみ》は…

先生の言葉。「徳のある人というのは、決して孤立することはない。必ずその人のことをよく理解してくれる仲間や協力者が現れるものである。（徳にもいろいろあるが、一つの徳が身に付けば、必ず他の徳も身に付いてくるものである）」

注《ちゅう》「徳」とは、善い行い・正しい行いをすることが身に付いていること。

この道《みち》はいつも汚《きたな》い
なので掃除《そうじ》をすることにした
ムダなことを…
いろいろ言《い》われてるなぁ…
どこに捨《す》てようがオレの勝手《かって》〜
いつもありがとうね
歩《ある》きやすくなったよ
あ、ありがとうございます！
ねえわたしたちも
うんてつだおう
なかまができました
ボクもやるよ！
てつだいます♥

徳は徳を呼び、仲間を集める

善いことをしても、周りの人には分かってもらえないことがあります。それどころか、かえってみんなから煙たがられたり、「格好つけているな」などと言われたりします。仲間から白い目で見られるのは、誰だっていやです。だから、それが善いことだと分かっていても、やめておこうかなとか、知らないふりをしておこうかなという気持ちになることがあるかもしれませんね。善いことをやり通すには、本当に勇気がいります。そんな時、この言葉は、私たちに勇気を与えてくれることでしょう。

でも、おもしろいことに一つ善いことができ始めると、別の善いことができるようになるものです。徳にもいろいろありますが、徳は決してばらばらにあるものではありません。徳が一つ身に付くと、次には、人に対してどう振る舞うのがよいのかといった「礼」が整ってきたり、この世の中でどんなふうに生きていくのが正しいのかといった「義」が分かるようになったりします。一つの徳は、また別の徳を導き寄せるものなのです。

ところで、インドのマハトマ・ガンジーが行った勇気ある「塩の行進」を知っていますか。彼は「インド独立の父」と呼ばれるように、非暴力・不服従を唱えて、イギリスの植民地支配からの独立のために力を尽くした人です。その彼が61歳の時、この「塩の行進」を行いました。当時、インドでは、インド人による塩の製造は法律で禁止された上に、重い税金がかけられていました。「塩の行進」とは、それに反対して、ガンジーと彼を支持する78人の人たちが、海水から自分たちの手で塩を作ろうとアフマダーバードからダーンディー海岸までの約380キロを23日間かけて徒歩で行進した抗議行動のことです。彼らは武器も持たず、ただ歩いて行ったのですが、途中、彼に賛同する人たちがどんどん加わってきて、最後には数千人規模の行進になりました。彼のこの行動は、その後、インドの独立運動に大きな影響を与えたのでした。

ガンジーの行った「塩の行進」に多くの賛同者が加わったというこのお話は、今回紹介した「徳は孤ならず。必ず鄰あり」という言葉を証明しているように思います。時々この言葉を口の中で唱えてみるといいですね。勇気が湧いてきますよ。

一章《いっしょう》

子曰《しい》わく、晏平仲《あんぺいちゅう》は善《よ》く人《ひと》と交《まじ》わる。久《ひさ》しくして之《これ》を敬《けい》す。

（公冶長《こうやちょう》第五・十七）

訓読文《くんどくぶん》

子曰、晏平仲善与人交。久而敬之。

孔子《こうし》が言った。「（斉《せい》の国《くに》の家老である）晏嬰《あんえい》は、人付き合いをとても大事にする人であった。お付き合いがどんなに長くなっても、彼は相手を敬う心をなくすことなく、人を蔑ろにすることがなかった」

注《ちゅう》 晏平仲とは、斉国の家老・晏嬰のこと。平は諡《おくりな》（死者の生前の行跡に対して贈られる名前）。孔子より年上の人。「敬」とは、気持ちをぴんと張って、人や物を大事にすること。

豆知識《まめちしき》 ◆和而不同《わじふどう》

人と仲良くするが、意味もなく人の意見に賛成しないこと。普通、「ワジフドウ」とは言わず、「和《わ》して同《どう》ぜず」と言う。『論語』子路篇《しろへん》に、「君子《くんし》は和《わ》して同《どう》ぜず、小人《しょうじん》は同《どう》じて和《わ》せず（徳を備えた人は、人と調和しながら、同時に自分の意見をしっかり持っている。徳のない人は、簡単に人の意見に流されるが、人と調和し、仲良くしていくことができない）」と見えます。自分の考えをしっかり持ちながら、人と仲良くすることが大切ですね。

相手への尊敬の念持ち続けたい

この章は、斉国《せいこく》の家老・晏嬰《あんえい》が人付き合いを大切にする人で、決して人を蔑ろにしなかったことを誉めた一章です。家老といえば、国王を補佐して一国を治めていく重責を担う職です。そんな座を占めている人が、心変わりすることなく相手を敬い続けたというのですから、人とのお付き合いのあり方をよくよくわきまえていた人だといえます。

一体に、人付き合いが長くなると、慣れ親しみ合い気を許すあまり、馴れ馴れしくし過ぎたり、ぞんざいなもの言いをしたりすることがよくあるものです。ましてや、偉くなったり地位が上がったりすると、新しい人とのお付き合いも始まって、古馴染みをぞんざいに扱うことになりかねません。ところが、晏嬰の場合は、そんなところがみじんもなく、いつまでも古馴染みに敬意を払って対応し続けたというのです。『論語』泰伯篇《たいはくへん》に「君子《くんし》、故旧遺《こきゅうのこ》れざれば、則《すなわ》ち民偸《たみうす》からず（人の上に立つ者が、古馴染みを忘れず情けを尽くすならば、人民もそれに感化されて、薄情でなくなる）」と見え、人の上に立つ者の心得として、古馴染みを大切に扱うことが重要であると説かれています。それに照らし合わせても、晏嬰が人付き合いの極意をよく理解し、体現していたことが分かるのです。たとい偉くなっても、おごり高ぶることなく相手を大切に思い、尊敬し続けたという晏嬰の人となりは、本当に謙虚な人であったということでしょう。なんとも慕わしい人物です。

ところで、この一章には、「久しくして」の次に「人」という一字が入っているテキストがあります。これに従うと、誰が誰を尊敬したのか、主客が逆転します。つまり、一章の意味が「長い間付き合っていると、誰もがみんな晏嬰のことを尊敬するようになった」となるのです。普通、お付き合いが長くなると、相手の良いところはもちろんですが、嫌なところも見えてきます。にもかかわらず、晏嬰とお付き合いした誰もが彼を尊敬するようになるというのですから、晏嬰は人に嘘をついたり、裏切ったりすることのない誠実な人、裏表のない、人を思いやる心を持った人だったのでしょうね。

いずれにしても、人付き合いの上では、人を思いやる心・誠実であること・謙虚であること、これらが大切であることが分かります。

クマ先生とよむ論語 十三

一章《いっしょう》

季文子《きぶんし》、三《み》たび思《おも》いて而《しか》る後《のち》に行《おこな》う。子《し》、之《これ》を聞《き》きて曰《い》わく、再《ふたた》びせば、斯《すなわ》ち可《か》なり。

（公冶長《こうやちょう》第五・二十）

訓読文《くんどくぶん》

季文子三タビ思イテ而ル後ニ行ウ。

子聞キテレ之ヲ曰ワク、再ビセバ、斯チ可ナリ矣。

魯国《ろこく》の家老・季文子《きぶんし》は（とても慎重な人で、何事につけ）、何度も何度もよくよく考えてから事を執り行った。その話を聞いて、先生は言われた。「しっかり考えたことであれば、もう一度繰り返して考えれば、それで良いであろうに」と。

注《ちゅう》 季文子とは、魯国の家老職を務めた人。姓は季孫《きそん》、名は行父《こうほ》。文は亡くなったときに贈られた名前。孔子《こうし》より一時代前の人で、賢者だとの評判があった。三思の三は、回数の多いことで、熟慮の上に熟慮を重ねることを言う。

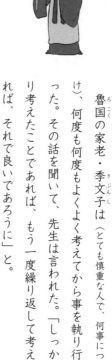

政治に必要なスピード感

季文子《きぶんし》は、魯国《ろこく》の家老職を務め、『春秋《しゅんじゅう》』や『春秋左氏伝《しゅんじゅうさしでん》』といった書物の中に幾度も名前が出てくる政治家です。自分より一時代前の、賢者との評判のあった人物を、孔子《こうし》が批判的に論評しています。なぜでしょう。

孔子は、君子養成を目的として自ら私塾を開き、多くの弟子たちを教育してきました。現実には、政治家を養成することで、憲問篇《けんもんへん》の一章がよくそれを表しています。「子路《しろ》、君子《くんし》を問《と》う。子曰《しい》わく、己《おのれ》を脩《おさ》めて以《もっ》て敬《けい》す。曰《い》わく、斯《か》くの如《ごと》きのみか。曰《い》わく、己《おのれ》を脩《おさ》めて以《もっ》て人《ひと》を安《やす》んず。曰《い》わく、斯《か》くの如《ごと》きのみか。曰《い》わく、己《おのれ》を脩《おさ》めて以《もっ》て百姓《ひゃくせい》を安《やす》んず。己《おのれ》を脩《おさ》めて以《もっ》て百姓《ひゃくせい》を安《やす》んずるは、堯《ぎょう》・舜《しゅん》も其《そ》れ猶《な》お諸《これ》を病《や》めり」

通釈すれば、次のようです。（いつも君子を目指せと声をかけられている）子路が、君子とは、どういう人なのかを尋ねると、先生は「自分の人格を磨いて、人に敬意をもって対することができれば君子と言えるであろう」と答えられた。子路が、もっと教えてほしいと願うと、先生は答えられた。「君子は、人格を磨き、それができれば、他の人をも安心して暮らさせようとするものだ」と。子路がもっと知りたがると、先生は「君子は、人格を磨いた後は、天下の万民を安心して暮らせるようにするものだ。でも、それは古の聖人であられた堯や舜でさえ難しいことだったんだよ」と答えられた。

どうです。孔子は、世の人々が安心して暮らせる社会を創り出したいという思いから、多くの弟子たちを教育し、そこを巣立っていく人たちを政治に関与させようとしていたのです。だからこそ、孔子は、政界の中枢にいる人たちに弟子たちを売り込むことだってしているのです。それが証拠に、魯国の宰相であった季康子《きこうし》に「由《ゆう》や果《か》（子路は果敢なる決断力を備え）」「賜《し》や達《たつ》（子貢《しこう》は道理に通じ）」「求《きゅう》や芸《げい》（冉求《ぜんきゅう》は豊かな教養を備えている）」ので、政治を任せても何の心配も要りませんとまで訴えています（雍也篇《ようやへん》）。

政治を執り行う際に、孔子は「果・達・芸」、つまり、スピード感ある決断と明晰な頭脳と教養が必要だと考えていました。ここまで来れば、孔子が季文子を批判したのも分かりますね。慎重さも大切なのですが、スピードが求められたんですね。

一章《いっしょう》

子曰《しい》わく、伯夷《はくい》・叔斉《しゅくせい》は、旧悪《きゅうあく》を念《おも》わず。怨《うら》み是《ここ》を用《も》って希《まれ》なり。

（公治長《こうやちょう》第五・二十三）

訓読文《くんどくぶん》

子曰《ワク》、伯夷・叔斉《ハ》、不ㇾ念《ワ》二旧悪《ヲ》一。怨《ミ》是《ヲ》用《ッテ》希《ナリ》。

先生が言われた。「伯夷と叔斉の兄弟は、人が以前に行った悪いことをさっさと忘れ、いつまでも心の中に覚えておかなかった。だから、人を怨んだり、人から怨まれたりすることもほとんどなかった」

豆知識《まめちしき》　◆下学上達《かがくじょうたつ》

身近なところから学び始めて、次第に高度な学問に進むこと。『論語』憲問篇《けんもんへん》に「子《し》曰《い》わく、天《てん》を怨《うら》みず、人《ひと》を尤《とが》めず。下学《かがく》して上達《じょうたつ》す。我《われ》を知《し》る者《もの》は、其《そ》れ天《てん》なるか（運が悪いからといって天のせいにすることなく、人のせいにもしない。己自身の修養に努め、身近なことから学び始めて、やがては高遠なことへ一歩ずつ迫っていく。私のことは、天が分かってくれている）」と見えます。易しい所から努力することが大切なんですね。

注《ちゅう》　伯夷・叔斉とは、今から三千年前、中国・殷《いん》の時代、孤竹《こちく》という国に生まれた王子たち。彼らは、周《しゅう》の武王《ぶおう》が殷王朝を武力で倒そうとするのを諌めました。その後、殷を倒した周の国に仕えず、首陽山《しゅようざん》で餓死した清廉潔白な人たちでした。

相手が非を改めれば寛容に

『史記《しき》』伯夷叔斉列伝《はくいしゅくせいれつでん》によれば、伯夷・叔斉の兄弟は、互いに国の王位継承を譲り合って故国を捨て、正しいことには「正しい」、間違っていることには「間違っている」と常にはっきりと言う、清廉潔白な人たちだった――ということです。だから、他人の悪意ある行為に対しても、当の本人がそれを改めれば、いつまでも根に持つことはなかったのでしょう。それ故に、人のことをいつまでも怨むようなこともなく、また、人から怨まれるようなこともなかった、と孔子《こうし》は誉めているのです。

例えば、友達と仲たがいをしたとしましょう。その原因が何であれ、いつまでもそれを根にもっていたら、なかなか仲直りができません。しかし伯夷・叔斉兄弟のことを思い出し、友達がした悪いことを忘れてあげれば、友達との関係も修復できるかもしれません。

でも、それは簡単なことではありません。どうしたらよいのかを解くヒントが『論語』憲《けん》問篇《もんぺん》に見えます。ある人から「『徳《とく》を以《もっ》て怨《うら》みに報《むく》ゆ（ひどい仕打ちを受けた人に対して、恩徳をもって報いる)』という考えはどうでしょうか」と尋ねられた孔子が、「何《なに》を以《もっ》てか徳《とく》に報《むく》いん。直《ちょく》を以《もっ》て怨《うら》みに報《むく》い、徳《とく》を以《もっ》て徳《とく》に報《むく》ゆ(ひどい意地悪をされ怨みを抱いているのに恩徳でもって報いるというなら、恩徳を受けた人に対してどんなふうに報いればいいのか分からない。むしろ、そこは一線を画すべきで、怨みを抱いている人に対しては、公平無私・真っ直ぐな正しさで対応し、恩徳を受けた人に対しては恩徳でもって報いるべきである)」と答えているのです。

　怨みを抱いたままでは、その相手に対して平静に関われません。そんな状態の時は、拒絶・絶交とはいわないまでも、愛想良くお付き合いすることはありません。恩恵を受けた人への対応とは、やはり一線を画すべきです。ただし、相手が態度を改めれば話は別で、その時はその時、怨みを流して正しく対応し、賢く振る舞い、いつまでも根にもってはなりません。「直(素直な気持ち・公正無私)」とは、そういうことを言っているのでしょう。

　私たちは、人との関わりの中で、自分に非があった時は自らの非を改め、相手が非を改めた時は寛容にその人を受け入れることが大切ですね。

一章《いっしょう》

顔淵《がんえん》曰《い》わく、願《ねが》わくは善《ぜん》に伐《ほこ》ること無《な》く、労《ろう》を施《ほどこ》すこと無《な》けん。

（公冶長《こうやちょう》第五・二十六）

訓読文《くんどくぶん》

顔淵曰《ワク》、願《ワクハ》無《ク》レ伐《ルコト》レ善《ニ》、無《ケン》レ施《スコト》レ労《ヲ》。

その
意味《いみ》は…

顔淵《がんえん》が言った。「できうれば、善いことを行ったとしても、それを自慢することなく、骨の折れる仕事があれば自分で引き受けて人に押し付けるようなことがない、そのようでありたいものです」

ほらボクって
実家《じっか》が金持《かねも》ちだし
イケメンのうえ
文武両道《ぶんぶりょうどう》じゃん？
いやぁ
女《おんな》の子《こ》たちが
ほっといてくれなくてさぁ
ふーん
タイヘンだねぇ
あ！
その仕事《しごと》
ボク
やりまーす
まっかせて
ください
わたしもやります
じゃ、あとのことは頼《たの》むよ！
うまいこと
やっておいてね
こそ
こそ
オレが
仕事《しごと》
したことに
しといてよ
お礼《れい》
はずむよぉ
こそ
こそ
はぁ？
そんなこと
できませんよ!!
ちゃんとやって
ください
誠実《せいじつ》で謙虚《けんきょ》、
大事《だいじ》な
時《とき》には
しっかり
主張《しゅちょう》できる人《ひと》
見《み》ている
人《ひと》は
ちゃんと
見《み》ています
ドン！
ちょっと、
どいてッ
えええっ!?
あ、あの、
これ…
え

注《ちゅう》「伐」とは、いばること。おおげさに手柄をひけらかすこと。「施」とは、横に押しやること。他人に押し付けること。

いつの世でも誠実さ、謙虚さは大事

この一句は、たまたまこの顔淵《がんえん》と子路《しろ》という二人の弟子が孔子《こうし》の前にいた時、先生から「自分の願いを言ってごらん」と促されて、顔淵が述べた願いです。ちなみに、子路が述べた願いは、「願《ねが》わくは、車馬衣裘《しゃばいきゅう》、朋友《ほうゆう》と共《とも》にし、之《これ》を敝《やぶ》るも憾《うら》み無《な》けん（できれば車・馬・着物・毛皮の外套《がいとう》、それらを友達と共有し、友達と一緒に潰れるまで使う、それでもくよくよしないようでありたいものです）」と述べています。いかにも子路らしい激烈な友情を理想とする潔い人柄がうかがえるものとなっています。それに対して、顔淵は控えめに答えています。「（私が申し上げるのは、なかなか自分には難しいことです。しかし）できることなら、善いことを行っても自分の手柄だと威張り散らすことをせず、難しい嫌なことを人に押し付けるようなことがないようにと願っております」と。人を思いやる心根の優しい、誠実・謙虚な顔淵ならではの答えになっていると思います。

顔淵が答え終わると、子路は、「先生の願いはどういうものかをお伺いしたい」と孔子に質問します。無論、孔子は質問に快く応じて、「老者《ろうしゃ》は之《これ》に安《やす》んじ、朋友《ほうゆう》は之《これ》を信《しん》じ、少者《しょうしゃ》は之《これ》に懐《なつ》けん（老人からは安心して頼られ、朋友からは信頼され、若者たちからは懐かれ慕いよられるようでありたい）」と答えています。さすがに孔子です。万人がその所を得るようにとの高い境域を述べています。冒頭に掲げた言葉が含まれている『論語』の一章は、師弟３人がそれぞれに自分の願いを述べ合うという展開で終わっています。

しかし、ここで採り上げているのは顔淵の願いです。先にも述べたように、顔淵の願いはどこまでも誠実であり謙虚なものでした。

近年、国語科教育の中で「表現」という領域が大きく採り上げられ、「自己表現」「自己主張」の重要性が説かれるようになっています。でも、みなさんのそばに自慢話ばかりする人、言うだけ言って自分では何もしない人がいたら、自分勝手で嫌だなぁって思うでしょう。反対に、誠実で謙虚な人って、なんだか慕わしいと思えてきますよね。

個性が重視される世の中。自己主張は大切なことです。しかし、それと併せて、誠実さ・謙虚さはいつの世にも大事ですね。

一章《いっしょう》

子《し》曰《い》わく、老者《ろうしゃ》は之《これ》を安《やす》んじ、朋友《ほうゆう》は之《これ》を信《しん》じ、少《しょう》者《しゃ》は之《これ》を懐《なつ》けん。

（公《こう》冶《や》長《ちょう》第五・二十六）

訓読文《くんどくぶん》

子曰ワク、老者ハ安ンジレ之ヲ、朋友ハ信ジレ之ヲ、少者ハ懐ケンレ之ヲ。

孔子《こうし》の言葉。「お年寄りには安心されるようでありたい。友達からは信頼されるようでありたい。そして、自分より幼い人たちからは、懐かれ慕われるようでありたいものだ」

注《ちゅう》「朋」とは、友達・仲間のことですが、同じ先生のもとで机を並べて学んだ学友のこと。

どんな立場の人にも心配りを

弟子の子路《しろ》から「先生のお望みというのは、どういったものですか？」と尋ねられて、孔《こう》子《し》が答えたものです。なかなか意味の深い言葉です。なにしろ孔子の言葉は行き届いています。ちょっと周りにいる人のことを考えてみてください。自分より年とった人、自分と同じくらいの年齢の人、自分より若い人、その3種類の人しかいませんよね。孔子の言葉は、それら全ての人を思いやっています。これができれば、爽やかな人間関係が築けると思いませんか。

しかし、孔子が言っていることは、どれ一つとってもたやすいことではありません。ましてやその三つともを立派にやり遂げようとなると、それはもう至難の業です。なぜなら、身の周りの人たちを見渡してみても、それを全てこなしている人は、見当たらないからです。むしろ、自分と同輩の人、あるいは幼い人にはしっかりと行動できている人が、いざお年寄りに対しては、それもわが親に対してともなると、意外となおざりだったり、かといえば、お年寄りや同輩に対しては礼節を尽くす人が、若い人に対しては、いい加減な対応をしたりする姿をよく見かけます。

ここで一つ例をとってお話ししてみましょう。たとえば、相手の足りないことをきちんと見極めて、丁寧に教え導くことができるとしましょう。自分より幼い人に対しては、そのように振る舞っても、それが同輩となると、真っ正面からそのようにしたら、煙たがられるかもしれません。ましてや年配の人からは、生意気なやつだと叱られるかもしれません。その行為が、どんなに親切な気持ちから出たものだとしても、それに加えて相手の立場や気持ちに対する配慮が不可欠なのです。

孔子は、たとい及ばないにしても、理想としてのあり方をしっかりと示したかったのでしょう。年上の人から安心してもらえ、同輩の人から信頼され、年下の人から懐かれ慕われるようになるためには、どういった心配りがいるのか、自分自身で具体的なイメージをしてみましょう。それができたら、個々の人への心配りができるようになり、少しずつ人間関係が整ってくると思いますよ。

一章《いっしょう》

孔子《こうし》対《こた》えて曰《い》わく、顔回《がんかい》なる者《もの》有《あ》り。学《がく》を好《この》む。怒《いか》りを遷《うつ》さず、過《あやま》ちを弐《ふた》たびせず。

（雍也《ようや》第六・三）

訓読文《くんどくぶん》

孔子対《エテ》曰《ク》、有《リ》二顔回《ナル》者一。好《ム》レ学《ヲ》。不レ遷《サ》レ怒《リヲ》、不レ弐《タビセ》レ過《チヲ》。

その意味《いみ》は…

（魯《ろ》の国の君主のお尋ねに答えて）先生が言われた。「顔回《がんかい》という弟子がいましたが、とても勉強好きでした。彼には学んだことがしっかり身に付いていました。たとえば、彼は何か怒ることがあっても、他に八つ当たりすることはありませんでした。一度は間違えたり失敗したりすることがあっても、二度と同じ間違いや失敗はしませんでした」

困《こま》っている人《ひと》を助《たす》けるため法律《ほうりつ》を学《まな》びます
こどもたちに勉強《べんきょう》を教《おし》えたいです
病《やまい》から人々《ひとびと》を救《すく》いたいので医学《いがく》の道《みち》に進《すす》みます
知識《ちしき》を身《み》につけ実践《じっせん》し役立《やくだ》てる
そのためには人《ひと》として品性《ひんせい》を磨《みが》き自分自身《じぶんじしん》を高《たか》めていかねばならんぞ
センセー ぼくはユーチューバーになりまーす
動画《どうが》にこそ作者《さくしゃ》の品性《ひんせい》が表《あらわ》れる。心《こころ》ないコメントに腹《はら》を立《た》てず閲覧数《えつらんすう》が増《ふ》えなければ情報収集《じょうほうしゅうしゅう》・分析《ぶんせき》・修正《しゅうせい》が必要《ひつよう》じゃ
よいか？人気《にんき》と炎上《えんじょう》をはき違《ちが》えるなよ
はぃ…
せんせーってまさか…

注《ちゅう》 顔回《がんかい》とは孔子《こうし》の弟子。呼び名は子《し》淵《えん》。孔子より30歳年少でした。残念ながら、彼は40歳という若さで亡くなりました。「弐」は、「二」と同じ。繰り返すこと。

知識を役立てるためには修養が大切

この一章は、魯《ろ》の君主・哀公《あいこう》から「お弟子さんの中で誰が勉強好きだと言えますか」と聞かれた孔子《こうし》が答えた言葉です。勉強したことをちゃんと身に付けて生活の中に生かすことができたら、それは素晴らしいことです。顔回《がんかい》にはそれができたというのです。腹が立つことがあっても周りの人に八つ当たりしない、同じ失敗を二度と繰り返さない。そうなるまでに多くの努力をしてきたからでしょう。本当に見上げたものだと言えます。

さて、ここまで読んできて、これって少し変だなと違和感を覚えたのではないでしょうか。勉強が好きな者がいるかと尋ねられて、顔回という弟子の名前を挙げたまではよいのですが、その理由として、八つ当たりしないとか、同じ失敗を繰りかえさないからだと孔子が答えているからです。これらは並大抵のことではありませんが、それができるからといって、勉強好きだと言えるのでしょうか。学問好き・勉強好きというからには、いろいろな本をたくさん読んで多くの知識を蓄え、それらの知識をきちんと整理してしっかりと記憶している人、それが学問好き・勉強好きと言われる人ではないでしょうか。一体、どうなっているのでしょう。

答えは簡単です。そもそも孔子が考えていた学問と、いま皆さんが考えている学問とは異なっているのです。孔子が考えていた学問とは、学んだことをしっかりと身に付けて自分自身の人間性を高めていくためのものだったのです。つまり、善い教えを学んだとしたら、その善い教えが自分自身の立ち居振る舞いににじみ出てくるようでなくてはならなかったのです。それができて初めて学問したということになるのです。

ここまでくれば、孔子が顔回のことを褒めていたこともよく分かりますね。学んだことを、ただ知っている・覚えているというだけでなく、それを日々、己の生活の中で実践していくことが重要なのです。

知識は、ため込んだだけでは、何の役にも立ちません。その知識をどうやって何のために役立てるかを考えるためにも、人間としての修養は大切なはずです。現代でも、孔子の時代と変わらず、しっかりと人間としての修養をして、知識を役立ててほしいですね。

一章《いっしょう》

子《し》、仲弓《ちゅうきゅう》を謂《い》いて曰《い》わく、犂牛《りぎゅう》の子《こ》、騂《あか》くして且《か》つ角《つの》あらば、用《もち》うること勿《な》からんと欲《ほっ》すと雖《いえど》も、山川《さんせん》其《そ》れ諸《これ》を舎《す》てんや。

（雍也《ようや》第六・六）

訓読文《くんどくぶん》

子謂《イテ》二仲弓《ヲ》一曰《ワク》、犂牛之子、騂《クシテ》且《ツ》角《アラバ》、雖《モ》レ欲《スト》レ勿《カラント》レ用《ウルコト》、山川其《レ》舎《テンヤ》レ諸《ヲ》。

先生が弟子の仲弓《ちゅうきゅう》を批評して言われた。「まだら牛から生まれたものであっても、赤い毛並みをしており、その上、形の良い角が生えているなら、たといその牛を祭祀の犠牲として用いたくないと人間が思ったところで、山や川の神々はそれを打ち棄てておくわけがない（必ずや神々は受け入れてくださる）」

豆知識《まめちしき》 ◆**犂《り》牛《ぎゅう》之《の》喩《たとえ》**

身分や地位が低く卑しい家に生まれても、才能次第で立身出世できるというたとえ。出典は、今回、本文で見た通りの『論語』雍也篇《ようやへん》。微賤で素行が悪い父を持った弟子の仲弓に対して、学び続けて才能を磨いていけば、出身・血筋など問題ではないと励ましているのです。ここでは、仲弓を犂牛から生まれた子、すなわち生まれの卑しい者と言っています。「犂牛之子」とも言われます。

注《ちゅう》 「犂牛」とは、まだら牛。黄と黒との混じった毛色の牛のこと。「騂」とは、赤毛のこと。

優れた人は必ず評価される

この一章は、孔子《こうし》が弟子の仲弓《ちゅうきゅう》を激励した言葉です。孔子が生きていた時代、一国を統治する王には、国家の平安を祈願するために天地の神々を祭るという儀式を執り行う義務が課せられていました。その儀式では神々に捧げるいけにえとして、選ばれた牛が必要でした。そのために役人が牛を養っていたのですが、牛が足りなくなると急きょ、民間から毛並みが良くて角の形が整っている牛を調達していたのです。つまり、その牛が赤い毛並みと形の良い角を持っているか否かが大切なのであって、政府が飼育していようが、民間で農耕用に使われていたものであろうが、はたまた、まだら牛から生まれた牛であろうと、そんなことは一切、問題ではなかったのです。

孔子が、仲弓を「犂牛《りぎゅう》の子」にたとえているということは、つまり、仲弓の親に問題があったことを示しています。しかし、孔子は「たとい父親の身分や職業が卑しかろうと素行が悪かろうと、その子の美点を傷つけるものではない。その人自身が優れていれば、世に召し出されて働く時が来るであろう」と言っているのですから、孔子の考え方は、その時代にあっては革新的であったと言えるでしょう。自分の師匠である孔子が、自分のことについてこういったことを話してくださっていると人づてに耳にした仲弓は、どんなに勇気づけられたことでしょう。こんな具合に先生から評価される仲弓も立派であり、弟子を評価し勇気づけている先生も、これまた立派だと言えます。

孔子はなぜ弟子をこんなにまで励ましているのでしょうか。『論語』の中で「性相近《せいあいちか》きなり。習《なら》い相遠《あいとお》きなり（人間の生まれつきは、だれでもよく似たものでたいした差があるわけではない。しかし、生まれた後の習練によって、互いの差が大きく違ってくるものだ）」（陽貨篇《ようかへん》）、「教《おし》えありて類《たぐい》なし（身分の違いなど問題ではなく、教育の善悪が問題である）」（衛霊公篇《えいれいこうへん》）と語っているように、孔子は教育に絶大な信頼を寄せており、自分を高めるための努力を惜しまない人・弟子を心から応援していたのです。

人間の一生は、あらゆることが勉強です。自分を大事にし、楽しみながら学んでいきたいものですね。

一章《いっしょう》

子《し》曰《い》わく、力《ちから》足《た》らざる者《もの》は、中道《ちゅうどう》にして廃《はい》す。今《いま》、女《なんじ》は画《かぎ》れり。

（雍也《ようや》第六・十二）

訓読文《くんどくぶん》

子曰ワク、力不ルレ足ラ者ハ、中道ニシテ而廃ス。今女ハ画レリ。

その意《い》味《み》は…

先生が言われた。「本当に力が足りないというのは、進めるところまで進んで、もうこれ以上はどうにもならないので途中でやめることだ。しかし、お前の場合は、やってみる前から自分で自分の限界を決めてかかっていて、やろうとしていないではないか」

こんな量《りょう》の宿題《しゅくだい》できない…
こんなの手《て》をつけてもゼッタイ終《お》わらないよ…
やればできる！やらなきゃできないのに
かっこいい…
やらずにムリだって決《き》めつけたらダメだ!!!
オトコマエ…
やるぞみんな！
そうだ！やろう！
みんなで協力《きょうりょく》して…
答《こた》えを写《うつ》しあえば必《かなら》ず終《お》わる!!!
途中《とちゅう》までは非常《ひじょう》に良《よ》かった!!!
あしたはその誤《あやま》った選択《せんたく》から何《なに》を学《まな》ぶのかのう…
オレはこれ
フフフフ

注《ちゅう》「廃」とは、疲れ果ててやめること。「女」は汝《なんじ》（あなた）と同じ。「画《かぎ》る」とは、ここまでしかできないと線を引くこと。

失敗を恐れずにチャレンジを

「お前は自分の力量に、自分で勝手に限界を設けているようだ」と、孔子《こうし》が弟子をたしなめた言葉です。これは、弟子の冉求《ぜんきゅう》が師である孔子に向かって、「子《し》の道《みち》を説《よろこ》ばざるに非《あら》ざるなり。力足《ちからた》らざるなり（先生の説かれるお教えを学ぶのがうれしく感じないわけではありません。ただ、私にはそのお教えを実行するだけの力が足りないのです）」と、自身の不甲斐なさに対する言い訳とも取れるもの言いを発した時、すかさずそれに応じた孔子の言葉なのです。

実は、冉求は「孔門《こうもん》の十哲《じってつ》（孔子の門下生の中で傑出した十人のこと）」の一人に数えられるほどの優秀な人物でした。その冉求が、まだやってもみないうちから「私には、その力がありません」というのですから、聞き捨てなりません。孔子は、すぐさま冉求に、やってもいないのに諦めるのと、全力を尽くしてやってみて、それでも歯が立たないと観念して引き下がるのとでは、大きく違っていることを言い聞かせ、（お前には、十分にその力があるはずだから）チャレンジしてみることだ、と促しているのです。

行動に失敗はつきものだと言えます。孔子はそこのところをよく分かっていました。だから、失敗そのものに対して、孔子は寛大でした。孔子が厳しかったのは、失敗したとき、当の本人がその失敗にどのように向き合うかという点でした。『論語』には、人の失敗について触れている章がいくつもあります。例えば「過《あやま》てば則《すなわ》ち改《あらた》むるに憚《はばか》ること勿《なか》れ（過ったら、ぐずぐずせずに改めなさい）」（学而篇《がくじへん》）とか、「過《あやま》ちて改《あらた》めざる、是《これ》を過《あやま》ちと謂《い》う（過ちをしても改めない、これを本当の過ちというのだ）」（衛霊公篇《えいれいこうへん》）といった具合です。過ちや失敗そのものをとがめてはいないのです。過ったり失敗したりしたら、改めれば良いのです。失敗から学べば良いのです。とがめられなくてはならないのは、失敗を恐れて何もしないということです。あるいはまた、失敗に向き合わず、逃げて改めないことです。

たった一度きりの人生です。失敗など恐れることなく、いろんなことにチャレンジして、悔いのない生き方をしたいものですね。

一章《いっしょう》

(子游《しゆう》)曰《い》わく、行《ゆ》くに径《こみち》に由《よ》らず。

訓読文《くんどくぶん》

(子游)曰ワク、行クニ不レ由ラレ径ニ。

(雍也《ようや》第六・十四)

その意味《いみ》は…

（孔子《こうし》の弟子・子游《しゆう》の言葉）「（その人は）道を歩いていく時には、公道（正規の本道）を闊歩して、決して小道を通ったり近道を通り抜けたりは致しません」

注《ちゅう》 径とは「こみち・ほそみち」といった意味の他に、「よこみち」や「正しくない道」といった意味があります。

ヤバい！宿題《しゅくだい》うつさせて！
それはやめた方《ほう》がいいよ
自分《じぶん》でしなきゃダメよ
今日《きょう》だけ！たのむよちょっとした近道《ちかみち》だよ
そしたらしめ切《き》りに間《ま》に合《あ》うんだ
あ
うわ
学問《がくもん》に近道《ちかみち》など無《な》し!!!
小《ちい》さな事《こと》からコツコツと！宿題《しゅくだい》追加《ついか》じゃ！
ぎゃー！せんせー！
宿題《しゅくだい》増《ふ》えた…結局《けっきょく》遠回《とおまわ》りだよぉ
だから言《い》ったのに…
ズルしても身《み》に付《つ》かないわよ

公明正大な生き方をしよう

子游《しゆう》は孔子《こうし》の弟子です。その子游が武城《ぶじょう》という町を治めていた時、孔子から「いい部下を見つけたかい?」と尋ねられ、「澹台滅明《たんだいめつめい》というういい部下を見つけました。彼はいつも公明正大な生き方をする人です。例えば、道を歩く場合でも、決して小さな道を通ったり近道や抜け道を通ったりは致しません」と答えています。細い道や近道・抜け道は、目的地に早くたどり着ける道かもしれません。しかし、そこは人通りが少なく、何が待ち受けているかも分からない、危険な道だともいえます。何かあった場合にも、人の助けはありません。その点、大きな道は人通りも多く、人の目が行き届いており、確実に目的地にたどり着ける安全な道だといえます。澹台滅明は、いつもその確実な道を歩く人、つまり、公明正大な生き方をする人で、決して姑息な手段を使って目的を達成することなく、着実に仕事を成し遂げていく信用のおける人であると言っているのです。

さて、ここまで来れば、危険な近道・抜け道よりも、回り道となっても安全な大通りを行った方が、結局は早くゴールにたどり着くという意味を表す「いそがば回れ」ということわざを、皆さんも思い出されるのではないでしょうか。

ところで、四字熟語「高山景行《こうざんけいこう》（徳が高く、行いが立派なこと）」の典拠である中国古典の一つ『詩経《しきょう》』に「高山《こうざん》は仰《あお》ぎ、景行《けいこう》は行《い》く（高山は高い徳のたとえ。景行は大きな道・人の歩くところの意で、立派な行いのたとえ。そこから、だれからも尊敬されるもののたとえ）」という言葉がありますが、三千年以前から公明正大な生き方こそが慕わしいと考えられていたんですね。それは、今の時代も同じことではないでしょうか。

姑息な手段を使って成し遂げたものには、なにかしらやましさやむなしさを覚えるものです。それよりフェアプレー精神よろしく何ごとにも正々堂々・公明正大に立ち向かい、真面目にコツコツとやり続けたいものです。それに、真面目に努力した人が、すがすがしい気持ちで最後には笑うことができる、そんな社会になればいいなあと思います。そのためにも、いま一度、心を引き締めて努力を積み重ねていく人を目指してほしいと願っています。

一章《いっしょう》

子《し》曰《い》わく、文質彬彬《ぶんしつひんぴん》として、然《しか》る後《のち》に君子《くんし》なり。

（雍也《ようや》第六・十八）

訓読文《くんどくぶん》

子曰《ワク》、文質彬彬《トシテ》、然《ル》後《ニ》君子《ナリ》。

注《ちゅう》 「文」とは、身に付けた教養や礼儀作法が美しく外面に現れ出ること。「質」とは、持って生まれた素朴・純粋な資質のことで、内面に備わっているもの。「彬彬」とは、両者がバランス良く調和していること。

孔子《こうし》の言葉。「この世に生まれて（努力して身に付けた）教養や礼儀作法と、持って生まれた素直・質朴な資質とがバランス良く調和してこそ、はじめて理想的な人物だと言える」

豆知識《まめちしき》 ◆**文質彬彬**《ぶんしつひんぴん》

外面の美しさと内面の美しさが調和していること。出典は『論語』雍《よう》也篇《やへん》。孔子の描いた理想的人間には、外面（もの言いやしぐさ、教養に至るまで文化的に洗練されたもの・この世に生まれ、努力して身に付けたもの）と、内面（持って生まれた資質）が調和していることが求められています。確かに、美しい心が美しい言動となって現れた場面に出くわすと、ハッと心打たれますね。

資質と学問・修養のバランス大切

この章句は「子曰《しい》わく、質《しつ》、文《ぶん》に勝《か》てば則《すなわ》ち野《や》。文《ぶん》、質《しつ》に勝《か》てば則《すなわ》ち史《し》。文質彬彬《ぶんしつひんぴん》として、然《しか》る後《のち》に君子《くんし》なり」という一章の後半部分です。全文を通しての意味は「持って生まれた資質がどんなに素晴らしい人でも、学問・教養を身に付けなかったり、礼儀をないがしろにしたりするようでは、人としての品性を欠いた粗暴な人間になってしまう。その反対に、教養を身に付け、礼儀作法をちゃんと身に付けていたとしても、それを鼻にかけて自慢したり高慢になったりして、相手に対する誠実さや敬意を欠いていれば、「史」（文書係のお役人）のようになってしまう。文と質とがバランス良く調和してこそ、はじめて慕わしい人間だと言えよう」となります。文中に見える「史」とは、文書係のお役人のことですが、二千五百年も昔のお役人は、ひどく威張っていたんでしょうね。

それはともかく、この一章からも推察されるように、孔子は、人が持って生まれた資質は素晴らしいものだと考えていました。そう、どの人もダイヤモンドの原石のように。つまり、この一章は、持って生まれた素直な心と、後天的に身に付けていく学問・修養と、これら二つがバランスよく調和していることが大切で、どちらか一方が欠けてもだめだといっているのです。

ところで、ダイヤモンドが美しいのは、その輝き・きらめきによるものであることを知っていますよね。ダイヤモンドの美しい輝きは、実は原石のままでは、あれほどまでに美しくは光り輝かないのです。ダイヤモンドの原石の大きさ・形をできるだけ維持しながら、ダイヤモンドが生まれ持つ美しさを最大限に引き出すのは、「カット（原石を形良く削ったり磨いたりする技法）」と呼ばれる技術です。カットの方法は数十種類あるのですが、中でも有名なのがブリリアン・カットと呼ばれるものです。つまり、ダイヤモンドはもともとの美しい原質と、その美しさを際立たせる巧妙なカットがあってこそ、初めて美しい輝き・きらめきを放つのです。

人も同じです。学問・教養を身に付ける一方で、善いこと・美しいものを見聞きしたり、それらに触れたりした時には、いつだって素直に感動する心がなくてはなりませんね。

一章《いっしょう》

子曰《しい》わく、疏食《そし》を飯《くら》い水《みず》を飲《の》み、肱《ひじ》を曲《ま》げて之《これ》を枕《まくら》とす。
楽《たの》しみ亦《また》其《そ》の中《うち》に在《あ》り。

（述而《じゅつじ》第七・十五）

訓読文《くんどくぶん》

子曰《ワク》、飯《イ》二疏食《ヲ》一飲《ミ》レ水《ヲ》、曲《ゲテ》レ肱《ヲ》而枕《トス》レ之《ヲ》。
樂《シミ》亦在《リ》二其《ノ》中《ニ》一矣。

その意《い》味《み》は…

孔子《こうし》の言葉。「粗末な食事をし、水を飲んで、肱を曲げて枕代わりにして眠るといった、そんな貧しく質素な生活の中にだって、楽しみは、やはり、あるものだ」

父《とう》さん手作《てづく》りのおもちゃ
けっこう奥《おく》が深《ふか》くて
楽《たの》しめるよ
え？
おもちゃって作《つく》れるの？
買《か》うものじゃないの？
それから
母《かあ》さんのお手製《てせい》
ほろほろクッキーも
おいしいんだよ～
えぇ!?
おやつって
パティシエが
作《つく》るんじゃないの？
あと寝《ね》る前《まえ》の
おしゃべりの時間《じかん》が
好《す》きなんだ！
みんな一緒《いっしょ》に
寝《ね》るの？
おふとん
ひとつだけなの？
まいにち
しあわせ♥
幸《しあわ》せとは
人《ひと》それぞれ
何《なに》が
自分《じぶん》にとって
幸《しあわ》せなのか
本当《ほんとう》に大切《たいせつ》な
ものとは何《なに》か…
よく考《かんが》えることじゃ
ちょっと
うらやましい
ような気《き》もする

注《ちゅう》「疏食」とは、粗末な穀物で作った飯のこと。「肱」とは、腕全体のことをいうが、曲げるのは肘ですね。

本当の幸せとは何だろう？

物が満ち溢れているこの時代に、孔子《こうし》のこうした言葉を耳にすると、孔子は何を言おうとしているんだろう？と、疑問を抱いたかもしれませんね。誰だっておいしい物は食べたいし、快適な環境の中で過ごしたいし、だとすれば、貧乏は嫌ですよね。それを、質素な生活の中にだって楽しみはあると、孔子がきっぱり言っているのは、どうなっているの？と思うのも、無理はありません。

実は、この一章には、次のような一句が、さらに続いているのです。「不義《ふぎ》にして富み且《か》つ貴《たっと》きは、我《われ》に於《お》いて浮雲《ふうん》の如《ごと》し（不正をしてまで手に入れた経済的な豊かさや社会的地位の高さなど、私にとっては、すぐにも消えていく浮雲のようなもので、なんの意味もない）」と。ここまでくれば、少し様子が分かってきますね。この言葉は、人間の幸不幸について語っているのです。不正なことまでして手に入れた豊かさなど、本当の幸せにはつながらない。そんなことなら、貧しく、質素な生活でも、毅然として生きていく方が、心の平安を得られるばかりか、誇り高く生きていくことができる。そうあってこそ、人は真の意味で幸せだと、孔子は考えたのです。

ある時、弟子の司馬牛《しばぎゅう》から、一角の人間というのは、どういう人かと尋ねられて、孔子は「あれこれとびくびく心配もしなければ恐《おそ》れることもしない人のことだ」と答えてやった後に、さらに言葉を継いで「内《うち》に省《かえり》みて疚《やま》しからずんば、何《なに》をか憂《うれ》え何《なに》をか懼《おそ》れん（反省してやましくないとなれば、何の心配も恐れもない）」（顔淵篇《がんえんへん》）と、心の平安の大切さを教えています。

私たちを取り巻いている世界は、一見したところ豊かに見えているようですが、目まぐるしく変化し続ける現実世界の中で、人々は余裕を失い、自分にとって何が本当に大切なのかを考えることすらできなくなっているように見えます。ここは一度、立ち止まって、この先、私たち自身が、物質的なものにばかり豊かさを求めるのではなく、社会を構成している一人の人間として、誇りを持って生き抜いていくためには、本当に何を大切にして生きていくべきなのかを、しっかり考えなくてはいけない時だと思うのです。

一章《いっしょう》

子《し》曰《い》わく、憤《いきどお》りを発《はっ》して食《しょく》を忘《わす》れ、楽《たの》しみて以《もっ》て憂《うれ》いを忘《わす》る。

（述而《じゅつじ》第七・十八）

訓読文《くんどくぶん》

子曰ワク、発シテレ憤ヲ忘レレ食ヲ、楽シミテ以テ忘ルレ憂イヲ。

孔子《こうし》の言葉。「感動して、さあやるぞと心に決めたら最後、食事をとることも忘れるし、学問・修養することが楽しくって、あれこれとある心配ごとも忘れてしまう」

豆知識《まめちしき》 ◆**発憤忘食《はっぷんぼうしょく》**

精神を奮い起こして食事も忘れて学問に励むこと。出典は『論語』述而篇《じゅつじへん》。中国の唐代《とうだい》に生きた大詩人・杜甫《とほ》は「憂《うれ》いを排《はい》して強《し》いて詩《し》を裁《さい》す（あれこれと思い悩むことをやめて、元気を出して詩を創ってみる）」と言っています。が、それと同時に、杜甫は詩を創って心の憂さを晴らし、心を慰めていたのです。打ち込めるものがあれば、世の中の煩わしいことも悲しいできごとも、ちょっとの間、忘れることができますね。

自分が没頭できる何か見つけて

このお話、弟子の子路《しろ》が楚《そ》の葉《しょう》の地の長官から、孔子《こうし》の人となりを聞かれ、（にわかには言葉が浮かばず）答えられなかったのに対し、こう言ってほしかったのにと、孔子が不満気味に述べた言葉なのです。孔子の言葉の全文を紹介してみましょう。

「物事に感動して、さあやるぞと思い立ったら、食事をとることも忘れ、学問修養を楽しむと楽しさのあまり、数ある憂いを忘れ、目の前に迫っている老いにも気付かない、孔子とはそんな人です、とどうして言ってくれなかったんだい？」

こんな人が身近にいたら、どうでしょう。孔子ってすごい人だなぁと思うでしょう。何かをやろうと心に決めたら食事も忘れ、学問修養を楽しんではよろずの憂いを吹き飛ばし、高齢であることさえ忘れてしまうだなんて、ほんとすごすぎです。

でも、この章を読んだとき、孔子という人のおかしみも感じませんでしたか。弟子の子路が孔子のことをきちんと伝えられなかったことにがっかりして、孔子はこんな人だと言ってほしかったなどと弟子に愚痴るんですから。孔子という人に親しみを覚えてしまいますよね。なんだか孔子に近づけるように思えてきます。

ところで、あなたは幼い日、遊びに夢中になっているとき、お母さんから「もう帰りますよ」って言われてぐずった経験はありませんか。面白い本につい引き込まれて「ご飯ですよ」と声を掛けられても、なかなかやめられなかったことはありませんか。似たような経験がきっとあなたにもあったはずです。それは形こそ違え、孔子と同じような経験をしていると言うことです。孔子がすごいから、あんなことができるんだということではなく、あなたも経験しているのです。そしてそれはとても大切な経験なのです。

今、あなたには、そのくらい没頭できることがありますか? あるなら、それを大切にしてください。音楽でもスポーツでも、他の遊びでも良いのです。我を忘れるほど打ち込めるものを持つことができたら、人生が豊かになります。四六時中、悲しいこと・煩わしいことに身を浸しているのでは、辛すぎます。そんなことを忘れさせてくれる時間が持てたら、明日に向かって一歩を踏み出す勇気が出てきますよ。

一章《いっしょう》

子《し》、怪《かい》・力《りき》・乱《らん》・神《しん》を語《かた》らず。

訓読文《くんどくぶん》

子不レ語ラ二怪力乱神ヲ一。

（述而《じゅつじ》第七・二十）

その意《い》味《み》は…

先生は、怪異と蛮力と悖乱《はいらん》と鬼神については、語られなかった。

注《ちゅう》「怪」とは、奇怪なこと、不思議なこと、わけの分からないこと。「力」とは、この場合は向こう見ずな勇力、蛮力。「乱」とは悖乱。人として生きていく正しい道を乱すこと。「神」とは鬼神。死者の霊あるいは死後の世界のこと。

うらめしや～
妖怪《ようかい》も幽霊《ゆうれい》も死後《しご》の世界《せかい》も信《しん》じてないぞ
敵《てき》の軍勢《ぐんぜい》などオレひとりで十分《じゅうぶん》だ!!
無謀《むぼう》な行動《こうどう》は愚《おろ》か者《もの》のすることじゃ
あ、もしもしオレオレ急《きゅう》にお金《かね》が必要《ひつよう》でさぁ
犯罪《はんざい》などもってのほか!!
大切《たいせつ》なものは文《ぶん》・行《こう》・忠《ちゅう》・信《しん》!
正《ただ》しい人《ひと》の道《みち》を歩《あゆ》むのじゃ!!

人間のあるべき姿を追求

弟子たちが孔子《こうし》を観察して述べた言葉です。孔子は多くの弟子たちに、さまざまなことを話題にしたはずです。しかし、ここに挙げた四つについては口にしなかったというのです。なぜでしょうか。

『論語』先進篇《せんしんへん》に次のような一章があります。「季路《きろ》、鬼神《きじん》に事《つか》えんことを問《と》う。子曰《しい》わく、未《いま》だ人《ひと》に事《つか》うること能《あた》わず。焉《いずく》んぞ能《よ》く鬼《き》に事《つか》えん。曰《い》わく、敢《あ》えて死《し》を問《と》う。曰《い》わく、未《いま》だ生《せい》を知《し》らず。焉《いずく》んぞ死《し》を知らんや」。現代語訳をすれば、弟子の子路《しろ》が死者の霊にどのように仕えれば良いのか、その心得を尋ねたところ、孔子は「生きている人に心からお仕えすることもできないのに、どうして死者の霊にお仕えすることができようか」と答えられた。子路がさらに「あえてお尋ねします。死とはいかなるものでしょうか」というと、先生は「生きている世界が理解できていないのに、どうして死（あるいは死後のこと）が分かろうか」……となるでしょう。この会話から分かるように、孔子の関心は、死者の霊とか死（あるいは死後の世界）といった不可思議・不明瞭なことにはなく、この世に生きている人間（あるいは人間社会）の秩序といった、合理的に解明できることにあったのです。だからこそ、孔子はあえて人の心を惑わす奇怪なこと、向こう見ずな勇力、人の道に外れる悖乱、死者の霊については、弟子たちにあれこれ話さなかったのです。

「子《し》、四《よっ》つを以《もっ》て教《おし》う。文《ぶん》・行《こう》・忠《ちゅう》・信《しん》（先生は、つね日頃、古典に親しんで知識・教養を身に付けること、身に付けた知識・教養を実践に移すこと、誠実であること、信義を守ること、この四つを私たちに話してくださった）」（述而篇《じゅつじへん》）とあるように、これこそが孔子の関心事だったのです。いずれにせよ弟子たちに向かって師・孔子が話さなかったこと、常に教えようとしていたこと、それを弟子たち自身が観察・分析してたどり着いた結論は、孔子が一貫して、生きている人間のあるべき姿、そしてその人たちがつくっていく人の世のあるべき姿に関心を抱き続けた人であったということでした。このように見ると、弟子たちは、師・孔子の日常的な言動を、信頼と親愛の情をもってよく観察していたことが分かりますね。

一章《いっしょう》

子《し》曰《い》わく、三人《さんにん》行《おこな》えば、必《かなら》ず我《わ》が師《し》有《あ》り。

訓読文《くんどくぶん》

子曰《ワク》、三人行《エバ》、必《ズ》有《リ》二我《ガ》師一焉。(択《ビテ》二其《ノ》善《ナル》者《ヲ》一而従《ヒ》レ之《ニ》、其《ノ》不善《ナル》者《ニシテ》而改《ム》レ之《ヲ》。)

(述而《じゅつじ》第七・二十一)

注《ちゅう》「三人」の前に「我」の字があったり、「有」が「得」の字になったりしている本もあります。

孔子《こうし》の言葉。「三人で行動したら、必ずやそこに自分のお手本になる人を見つけ出すことができる（よい人を選んでそれを見習い、よくない人の場合には、自分自身にそういったよくないことがありはしないかと反省して、それをもお手本にすることができる）」

豆知識《まめちしき》 ◆ 博学篤志《はくがくとくし》

幅広く学んで志を堅固にすること。『論語』子張篇《しちょうへん》に「博《ひろ》く学《まな》んで篤《あつ》く志《こころざ》し、切《せつ》に問《と》いて近《ちか》く思《おも》う。仁《じん》、其《そ》の中《なか》に在《あ》り」と見えます。この言葉は、孔子の弟子であった勉強家の子夏《しか》が述べた言葉ですが、「博く学んで意思を強くし、常に疑問を持って身近なことに引き寄せて考えるなら、その中から人への思いやりの心が育ってくるものだ」という意味です。人にやさしく振る舞えるようになるのは、なまやさしいことではなく、こうした努力が必要なんですね。

人をお手本にしよう！

家族、友達、先生、そして親戚や近所の人など、私たちは、日々いろいろな人と関わりながら生きています。そこで、ちょっと立ち止まって考えてみませんか。日々関わっている人々の中に、あなたが自分のお手本にしたいなと思う人はいませんか。きっと見つかるはずです。「あの人の考え方っていいなぁ」「あんなふうになりたいなぁ」と、身のまわりに尊敬できる先生や、あこがれの先輩が見つかったら、その人たちを見習ってみましょう。見習うのは、外見、つまりその人の立ち居振る舞いはもちろん、内面、つまりその人の人柄だとか、ものの見方・考え方です。その人を大事にし、自分もそうありたいと心に強く願うことで、あなたの心の中にしっかりとした支えができます。良いお手本を見つけて、それに近づければいいですね。

しかし、世の中は、いい人たちだけで満たされているわけではありません。いや、むしろ「あんなふうにはなりたくないなぁ」「そんな考え方はしたくないなぁ」と思う人もたくさんいます。孔子は、そんな時こそ自分自身の中にそうした嫌な一面がありはしないかと反省し、それをなくするように努力することが必要だと説いています。私たちは、すてきだなと思える人に出会った時には、いつまでもその人のことを心に留めているものです。反対に、嫌だなぁと思う人のことは、自分にはそんな面はないと簡単に決めつけて忘れてしまいがちです。でも、そんな時こそ、今一度自分を振り返って見ることが大切です。私たちは自分の中にある嫌な面には意外と気付いていないことが多いのです。形は少し違っても、似たような欠点があるかもしれません。自分の中の嫌な部分を少なくしていくことは、あなたが成長していく上で大切なことなのです。自分の中にすてきな部分・いい部分を増やしていくことと、自分の中にある嫌な部分を少なくしていくことの二つが組み合わさって進んでいけば、なりたいと思う自分へと向かうスピードが上がります。

そんなふうに努力していけば、きっとあなたも知らないうちに誰かの良いお手本になれますよ。

一章《いっしょう》

子《し》曰《い》わく、仁《じん》遠《とお》からんや。我《われ》、仁《じん》を欲《ほっ》すれば、斯《ここ》に仁《じん》至《いた》る。

（述而《じゅつじ》第七・二十九）

訓読文《くんどくぶん》

子曰《ワク》、仁遠《カランヤ》乎哉。我欲《スレバ》レ仁《ヲ》、斯《ニ》仁至《ル》矣。

その意《い》味《み》は…

先生が言われた。「仁（心から人を思いやること）は、私たちの手の届かないほど遠く離れているものなのだろうか。いや、そんなことはない。自分が仁を欲しいと思えば、その瞬間に仁は目の前にやって来るであろう」

注《ちゅう》 仁とは、心から人を思いやること。人間愛。

なぜこうも人《ひと》は身勝手《みがって》な理由《りゆう》で他人《たにん》を傷《きず》つけるのか…
仁《じん》の心《こころ》はないのかのう…
あッ!!!
なにごとじゃ?
どうしたの?
おべんとわすれた…
これどうぞ
いいの? 君《きみ》の少《すく》なくなっちゃうのに…
ありがとう! ありがとぉぉぉ!!
その小《ちい》さな思《おも》いやりも仁《じん》の徳《とく》じゃ その心《こころ》を大事《だいじ》にして
他人《たにん》を思《おも》いやれる立派《りっぱ》な大人《おとな》になるのじゃぞ

「仁」は自ら求めるもの

孔子《こうし》が生涯を通じて説き続けたのが、この章に見える「仁」でした。二千五百年以前、孔子は社会の平安を求めて、この人間社会の中で、お互いがお互いに人を思いやることができれば、みんなが幸せになれると、人間愛の大切さを主張し続けました。弟子たちの中には、先生が説く高遠な思想に共感しながらも、おじけづいて弱気を起こす者も出るほどでした。

あるとき、弟子の顔淵《がんえん》から「仁」について尋ねられて、孔子は「己《おのれ》に克《か》ちて礼《れい》に復《かえ》るを仁《じん》と為《な》す。一日《いちじつ》己《おのれ》に克《か》ちて礼《れい》に復《かえ》れば、天下《てんか》仁《じん》に帰《き》す（ああしたい、こうしたいといった自分勝手な気持ちを抑えて、人々が気持ちよくこの世の中で生きていくための礼をしっかり守っていければ、それこそが人を思いやること、すなわち人間愛、つまり仁なんだよ。たとえ一日でも自分の気ままを抑えて礼を守り通せたら、この世の中全体が人間愛に満たされていくものだ）」（顔淵篇《がんえんへん》）と答えています。たった一日ならなんとかやれそうな気もしますが、その翌日も、またその翌日も……となると、きっと尻込みしたくなるでしょう。

それにもかかわらず、孔子は力強く、仁の徳は決して手の届かないような遠くにあるものではなく、求めさえすれば仁はたちどころに目の前にやって来ると言っているのです。確かに、孔子が言うように求めなければ何も手に入りません。難しいものであれば、なおさらのこと、求め方も強くなくてはなりません。しかも、それは人から与えられるものではなく、自分から求めて手に入れるものです。先ほど見た顔淵と孔子の対話で、孔子が「仁《じん》を為《な》すは己《おのれ》に由《よ》る。而《しか》して人《ひと》に由《よ》らんや（仁を実践するかどうかは自分次第。人頼みにするものではない）」と続けているのは、それを言っているのです。

自分だけ良ければそれで良いといった風潮の世の中で、人を思いやりながら生きていこうとするのは大変なことです。人間愛が大切だと分かっていても、つい自分中心に動いてしまうこともあるでしょう。しかし、それでもみんなが明日はもっと人を思いやれる人間になろうと決心して頑張れば、きっと住みやすい世の中がくるとは思いませんか。

一章《いっしょう》

子曰《しい》わく、恭《きょう》にして礼《れい》無《な》ければ則《すなわ》ち労《ろう》す。
慎《しん》にして礼《れい》無《な》ければ則《すなわ》ち葸《し》す。

訓読文《くんどくぶん》

子曰ワク、恭ニシテ而無ケレバレ礼則チ労ス。
慎ニシテ而無ケレバレ礼則チ葸ス。

（泰伯《たいはく》第八・二）

その
意味《いみ》は…

孔子《こうし》の言葉。「むやみに丁寧なだけで礼節を知らなければ、無駄に疲れ果ててしまう。ただただ慎み深いだけで礼節を知らなければ、びくびく怖がっているのと何も変わらない」

注《ちゅう》「葸」とは、恐れ慎むこと。

みんな忙《いそが》しそうだけど…
ぼくなんかが手伝《てつだ》えるかな?
さしでがましいかな…
ガヤガヤ
ざわざわ
ドタバタ
ドタバタ
気遣《きづか》いしすぎると動《うご》けなくなるもんじゃ
思《おも》い切《き》って行《い》ってこい!
ぬっ
せ、せんせい!
ざわざわ
ワー
ガッシャーン
ガシャー
ドタドタドタ
な、何《なに》か手伝《てつだ》えることはありますか!?
え?
手伝《てつだ》い!?
ほんと!?
やった!
ひとりふえた!
てつだいがきたぞー!
ほっほっほっ
実《じつ》に気持《きも》ちのよいやりとりじゃのう
ありがとう!!
すっごくたすかる!!
なんでも言《い》ってください
ドタバタドタバタ
こっちもってー
これどこ?

徳の行き過ぎ防ぐ「礼」を大切に

この一章は「礼」のはたらき・大切さを説いているのですが、これにはさらに次の二句が続いています。それは「勇《ゆう》にして礼無《れいな》ければ則《すなわ》ち乱《みだ》る。直《ちょく》にして礼無《れいな》ければ則《すなわ》ち絞《こう》す（果敢に立ち向かおうとするだけで礼を知らなければ、秩序を乱してしまう。正直一途なだけで礼を知らなければ、ゆとりのない窮屈な状態になってしまう）」といったものです。なるほど、「恭」「慎」「勇」「直」といった徳は、それぞれに大切な徳ですが、それぞれも行き過ぎると、それぞれに「労」「葸」「乱」「絞（締め付けること）」といった弊害が出てくる。その弊害を回避するための調節弁として「礼」が必要だと言っているのです。一つ例を取れば、慎み深いということが行き過ぎると、迷惑をかけまいと気遣うあまり動けなくなる。それを礼にしたがって動くことで、本当の意味で、その場にふさわしい立ち居振る舞いをすることができるというものです。

では、その礼とは、何でしょう。礼とは、どんな国でも、また、どんな時代でも、私たち人間が、お互いにこの世の中で他の人々と気持ちよく暮らしていくために創り出す生活の基準であり法則です。英語で言えば、マナーのことです。したがって、それは、日々の、人との付き合いに始まり、さまざまな場・行事でのふさわしい立ち居振る舞い・言動を示唆したものです。そうなると、これらの礼を学んで身に付けていなければ、一人前の人間とはいえません。不作法な振る舞いは、その人自身の品性まで疑われかねません。その意味で、礼は、私たちがこの世で生きて行く上で、とても大切なものなのです。

『論語』の中には、礼の大切さが幾度も説かれています。孔子《こうし》が自分の息子・孔鯉《こうり》に対して「礼《れい》を学《まな》ばずんば、以《もっ》て立《た》つこと無《な》し（礼儀・制度に関わって述べた書物を学習しなければ、人や物事に対応する際の立ち居振る舞いが分からず、それでは一人前の人間としては見てもらえない）」（季氏篇《きしへん》）と「礼」を学習するように促しているのも、その一例だと言えます。

今、礼そのものがどうあるべきかが難しい時代です。しかし、礼の働きも理解しながら、礼の大切さについて、しっかり考えてみたいものですね。

一章《いっしょう》

子《し》、罕《まれ》に利《り》と命《めい》と仁《じん》とを言《い》う。

訓読文《くんどくぶん》

子罕ニ言ウ二利ト与レ命与ヲ一レ仁。

（子《し》罕《かん》第九・一）

その意味《いみ》は…

先生は、利得と運命と仁愛とについては、めったなことでは話されない。

注《ちゅう》 「罕」とは「まれ」の意で、「めったに……しない」ということ。

今日《きょう》は「利得《りとく》」についての話《はなし》じゃ！
先生《せんせい》が利得《りとく》!?
他人《たにん》のことを考《かんが》えず己《おのれ》の利益《りえき》ばかり追求《ついきゅう》していると
いつかすっっっっっごい恨《うら》みを買《か》いますよ!!!
いやー先生《せんせい》が「利得《りとく》」なんてびっくりしたね
激《げき》レア話《ばなし》が聞《き》けるかと思《おも》ったけど…
あれは「利得《りとく》」の話《はなし》と言《い》いつつ本命《ほんめい》テーマは「仁愛《じんあい》」の話《はなし》だったねえ
安定《あんてい》の先生《せんせい》らしさだったね…

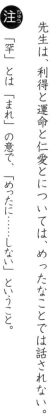

解釈の違いも古典を読む楽しみ

あれ？いつもと調子が違うぞ、と思われたことでしょう。それもそのはず、いつもは「子《し》曰《い》わく、……」と始まるのに、今回はそうではありません。これは孔子《こうし》が述べた言葉ではありません。弟子たちが先生である孔子を観察して述べた言葉なのです。

そうとなれば、この一章の意味をしっかり理解しなくてはなりません。先生はいろいろなことを話題にされるが、利得の「利」、運命とか宿命の「命」、それに仁愛の「仁」の三つに関しては、めったなことでは口にされない、と弟子たちが言っているのです。

でも、孔子はなぜそうだったのでしょう。それは、これらが極めて大事なことであったり、微妙なことだったりするからです。「利」は孔子が追い求める正義とは両立しがたいもので、それを正面から採り上げることには慎重にならざるを得ません。「命」についても同様です。そんなことを人に話そうものなら、その人のその後の人生を狂わしかねません。それに、孔子が最も大切にした徳目の「仁」ともなれば、誤解のないよう、いやが上にも慎重に語らなくてはなりません。弟子たちは、それを鋭敏に感じ取ったのでしょう。

ここまでお話しすると、いま一度、あれ？と疑問が湧きませんか。孔子がめったなことで「仁」について話題にしなかったというのは納得できないでしょう。実際、およそ五百章から成る『論語』の中に、「利」が語られる章がわずかに六章しかないのに対して、「仁」は六十章を超えて説かれているのです。

そこに目を付けたのが、江戸時代の漢学者・荻生徂徠《おぎゅうそらい》です。彼はこの一章の読み方に独創的な考えを提案したのです。それは冒頭のそれとは大きく異なり、「子《し》、罕《まれ》に利《り》を言《い》う。命《めい》と与《とも》にし仁《じん》と与《とも》にす」というものでした。意味は「先生はめったに利については語られなかった。それを話されるときは、人の運命とか仁愛に関連づけて語られた」となります。どうです。「目から鱗」というのは、こういうのを言うのでしょう。中国の人たちが長い間、冒頭に示した通りの解釈をしてきていたものを、徂徠は一気に覆したのですから。

わずか八文字で成り立つ短い一章に対して、こうした解釈の違いがあることを知るのも、古典を読む楽しみの一つだと言えましょう。

一章《いっしょう》

子《し》曰《い》わく、歳寒《としさむ》くして、然《しか》る後《のち》に松柏《しょうはく》の彫《しぼ》むに後《おく》るることを知《し》る。

（子罕《しかん》第九・二十九）

訓読文《くんどくぶん》

子曰ワク、歳寒クシテ、然ル後ニ知ル二松柏之後ルルコトヲレ彫ムニ也。

孔子《こうし》の言葉。「厳しい寒さを迎える頃になって、はじめて松や檜が寒さに耐え葉を散らすこともなく青々とした葉を茂らせていることが分かる（人も同じことで、苦しいとき・辛い時を迎えた時にはじめて人の真価が分かるものだ）」

豆《まめ》知《ち》識《しき》 ◆歳寒松柏《さいかんしょうはく》

「歳寒」は、冬の寒さが厳しい季節のことで、転じて、乱世や逆境のたとえ。「松柏」は、常緑樹の代表とも言うべきマツとヒノキのことで、節操のある人物をたとえます。それ故、「歳寒松柏」とは、冬の厳しい季節に遭っても変わらず緑を保っている松柏という意味で、そこから逆境に遭っても志や節操を変えない立派な人物のこと、あるいは、立派な人物は困難に遭ってはじめてその真価を表す、という意味になります。

注《ちゅう》「松柏」はマツとヒノキのこと。「柏」は日本の「かしわ」ではありません。

苦難に陥った時、真価問われる

厳しい寒さが続く冬は、多くの木々が、みな一様に葉を落とします。銀杏もアメリカカエデもハナミズキも、すっかり葉を落として丸裸になります。そんな中で、常緑樹といわれるマツやヒノキは青々とした葉を茂らせています。この一章は、私たちの周りにある木々を観察して気付いたことを述べたものです。

私たちは自然から多くのことを教えられます。季候の良い暖かな時には、どんな木でも青々と葉が茂ります。でも、厳しい寒さの中では違っています。人のありようもそれに似て、何ごとも順調に運んでいる時には、立派な人とそうでない人との間にも、たいした違いは見つかりません。しかし、一旦、厳しい寒さが訪れた時、つまり、苦しいことや辛いことに出会った時、それぞれの人がどんなふうに振る舞うか、そこに大きな違いが出てくるものだと言っているのです。

たとえば、根が誠実な人というのは、どんな時を迎えようと人に対して誠実に振る舞うでしょう。本当に強い人は、つらい時でも簡単には音を上げることなくしっかり振る舞うでしょう。そうした人たちの誠実さや強さは、周りの人たちをも勇気づけてくれるでしょう。しかし、見せかけだけのやさしい人とか、強がっている人というのはどうでしょう。苦しいことと辛いことに出会った時、人に対して急に冷たくなったり、泣き言ばかりを言って何もできなかったりするのではないでしょうか。

ところで、立派な人とそうでない人が分かるのは、苦難に陥った人にだけ言えることではありません。ある人が、いざ苦境に立ったとき、その人に対して周りの人がどう振る舞うか、それによって周りの人たちもその真価を問われているのです。辛い立場に立っている人は、周りに誠実に思いやりをもって接してくれる人がいたら、どんなにか慰められ勇気づけられることでしょう。そして、もう少し頑張ってみようという元気が出てくるでしょう。

人が困っている時、さりげなく励ましややさしい言葉を掛けてあげることができる、あなたがそんな人になれたら、なんともすてきですね。

一章《いっしょう》

子路《しろ》問《と》う、聞《き》けば斯《すなわ》ち諸《これ》を行《おこな》わんか。子《し》曰《い》わく、父兄《ふけい》の在《いま》すこと有《あ》り。之《これ》を如何《いかん》ぞ其《そ》れ聞《き》けば斯《すなわ》ち之《これ》を行《おこな》わんや。

（先進《せんしん》第十一・二十二）

訓読文《くんどくぶん》

子路問ウ、聞ケバ斯チ行ワンカレ諸ヲ。子曰ワク、有リ二父兄ノ在スコト一。如レ之ヲ何ゾ其レ聞ケバ斯チ行ワンヤレ之ヲ。

その意《い》味《み》は…

弟子の子路《しろ》がお尋ねした。「善いことを耳にしたら、すぐさまそれを行うべきでしょうか?」。先生が答えられた。「家には父兄もおられることじゃ。その意見をうかがってからでも遅くはない。聞いてもすぐに行うことはないよ」

あ、先生《せんせい》!
ボク志望校《しぼうこう》変《か》えます!
なぬ!?
さっき友達《ともだち》に聞《き》いたんですがすごく面白《おもしろ》い学校《がっこう》があるんですって!
さっき!?
いまから願書《がんしょ》出してきます
待《ま》て 待《ま》て 待《ま》て―――!!!
家族《かぞく》に相談《そうだん》してからにしなさい!!!
家族《かぞく》と話《はな》してみたら
ボクの夢《ゆめ》とはまったく関係《かんけい》のない学校《がっこう》でした…
君《きみ》は一度冷静《いちどれいせい》になることが必要《ひつよう》なタイプじゃな

一人ひとりの個性を大切に！

善いこと・正しいことに対して積極的であるはずの孔子《こうし》が、ここでは、いつもとは少し様子が違っています。実は、この一章には次のようなお話が続いています。

弟子の冉求《ぜんきゅう》が、子路《しろ》と同じ質問をすると、孔子は「聞いたらすぐさまそれを実行するがよい」と答えたのです。二人の兄弟子が別々の時とはいえ、同じ質問を先生に発した両場面に居合わせた公西華《こうせいか》は、二人に対しての答えがあまりにも隔たっているのに驚いてしまったのです。そこで公西華は先生に尋ねました。「質問は同じなのに、子路さんには『家族に相談して、決めるのはそれからにしなさい。急ぐこともあるまい』とお答えになり、冉求さんには『聞いたらすぐ実行しなさい』と答えられました。二つは食い違っていて、どちらが正しいのか分かりません。どういうことでしょう」。すると孔子は「冉求は消極的だから、前へ前へと押し進めたのだ。対する子路は、人のことにまで手を出したがる積極的な弟子だから、少し控えるように言ったのだよ」と答えられた。

ここまで来れば、話はよく分かります。孔子は弟子たちの性格なり能力をよく理解していて、各人に適切な言葉を与えて導いていたのです。このことは『論語』のあちこちに見えています。例えば、政治に関わって、弟子たちがあれこれと尋ねるのに対して、経済的手腕のある子貢《しこう》には「食べ物を充足させ、軍備を整え、人民に国の政治を信頼させることだ」、派手好みで気分屋の子張《しちょう》には「仕事に飽きて怠るようなことなく、行政に真心をもって当たれ」（以上、顔淵篇《がんえんへん》）、行動派の子路には「人民の先頭に立って自分がまずやって見せ、その信頼を勝ち得てから働かせるがよい」、人を見抜く才智のある仲弓《ちゅうきゅう》には「善い役人を選ぶのが先決で、その際、小さな過ちは大目に見て、節操の堅い人物を採用することだ」、目先のこと・小さなことにこだわりがちな子夏《しか》に対しては、「功を焦ってはならない。目先の小さな利益にとらわれてはならない」（以上、子路篇《しろへん》）と、それぞれ弟子の特質・性質を考えた教えを与えているのです。

大勢の弟子たちへの指導となれば画一的になりがちですが、孔子は工夫を凝らして、人を見て法を説いていたのです。これこそが教育の極意といえましょう。さすがですね。

一章《いっしょう》

子《し》曰《い》わく、内《うち》に省《かえり》みて疚《やま》しからずんば、夫《そ》れ何《なに》をか憂《うれ》え何《なに》をか懼《おそ》れん。

訓読文《くんどくぶん》

子曰ワク、内ニ省ミテ不ンバ㆑疚シカラ、夫レ何ヲカ憂エ何ヲカ懼レン。

（顔淵《がんえん》第十二・四）

孔子《こうし》の言葉。「自分自身の行動を謙虚に振り返ってみて、なんら疚《やま》しいことがないとすれば、いったい、何をくよくよ心配し何をびくびく恐れることがあろう（心はいつだって晴れ晴れ、のびのびと穏やかでいられるではないか）」

注《ちゅう》 「疚」とは、良心にはじるところがあること。「懼」とは、きょろきょろと辺りを見渡して、内心いつもびくびくしていること。

豆知識《まめちしき》

◆勇者不懼《ゆうしゃふく》

勇気のある人は、何ものにもびくつかないということ。『論語』子罕《しかん》篇《へん》に「知者《ちしゃ》は惑《まど》わず。仁者《じんしゃ》は憂《うれ》えず。勇者《ゆうしゃ》は懼《おそ》れず」と、頼もしい人間が3タイプに分けて語られています。ここから「知者不惑《ちしゃふわく》」「仁者不憂《じんしゃふゆう》」「勇者不懼《ゆうしゃふく》」の四字熟語が生まれていますが、成句としてよく使われるのは「知者《ちしゃ》は惑《まど》わず、勇者《ゆうしゃ》は懼《おそ》れず」といった対句形式の言葉です。

誠実に、揺るがない生き方したい

ある時、一人の弟子に「徳の高い人というのは、どういう人のことを言うのでしょうか」と尋ねられて、孔子《こうし》が答えたのが、この言葉です。実にいい言葉です。なにが良いかって、誠実に生きている人をしっかりと応援してくれる言葉だからです。

実は、先生にこの問いを発したのは司馬牛《しばぎゅう》でした。彼には、いつ反乱を起こすか分からないような悪い兄がいたのです。司馬牛はそのことを心配して、いつもびくびくしていました。孔子は、そうした事情をよく知っていたのでしょう。そこで、自分自身に責任のないことには、お前があれこれと心配することはない。そんなことを心配するより、自分自身、誠実に生きて、自分の行動に責任が持てることをしていれば、それで良いんだよと教えたのです。この言葉は司馬牛をどんなにか勇気づけたことでしょう。それにしても、孔子という人は、しっかりとした信念を持っていた人です。揺るぎない確信を胸中に秘め、それに支えられて生きている人は強いですね。

ひるがえって、この言葉を私たちの生活に引き当てたらどうでしょう。誰にだって、良心に恥じるような行いをした経験が、一つや二つはあるでしょう。たとえば、人に隠れて友達をいじめたり、いたずらをしたりしたことはありませんか。人に隠れてやっているのですから、誰にも知られることなく済むかもしれません。でも、内心は穏やかではなかったはずです。なぜでしょう。それは、疚《やま》しいことをしたことは、自分自身がよく知っているからです。決して自分自身はごまかせません。だから、良心がとがめるのです。

これに対して、他人はもちろん、自分自身をごまかすことなく誠実に生きている人というのは、良心にとがめることは何もなく、心はいつだって晴れ晴れとしていて穏やかなものです。だから勇気も出てきます。孔子より百年ほど後に出た孟子《もうし》も「自《みずか》ら反《かえ》りみて縮《なお》くんば、千万人《せんまんにん》と雖《いえど》も吾往《われゆ》かん（自分の行動を振り返ってみて、なんら良心に恥じることがないなら、たとえ一千万人の人を相手にしようとも、堂々と行動して、後には引かない）」と言っています。心の中にこのような確固とした支柱があれば、正しいと思うことに取り組む勇気が出てきます。なんともすがすがしい、爽やかな人生といえますね。

一章《いっしょう》

子《し》曰《い》わく、之《これ》に居《お》りては倦《う》むこと無《な》く、之《これ》を行《おこな》うには忠《ちゅう》を以《もっ》てす。

（顔淵《がんえん》第十二・十四）

訓読文《くんどくぶん》

子曰ワク、居リテハレ之ニ無クレ倦ムコト、行ウニハレ之ヲ以テスレ忠ヲ。

先生が言われた。「（政治をあずかる）職についたとなれば、その仕事に慣れたからといって怠けるようなことがあってはならない。真心をもって仕事に当たらなくてはならない」

真心をもって事に当たろう！

これは、弟子の子張《しちょう》から政治の心得を尋ねられて、孔子《こうし》が答えた言葉です。「なにごとにつけ心を政治に用い、真心をもって事に当たりなさい」。内面の充実より外見が気になって仕方ない、少し誠実さに欠けたところのあるこの若い弟子にこのように教えたのです。

孔子は、教育を通じて「世のリーダーを養成したい」という熱い思いを抱いていました。そして、孔子に学んだ弟子たちの多くが、世のリーダーになることを願いました。それ故に、みなそれぞれに世を治めるための心得を孔子に尋ねています。

行動派・子路《しろ》への返答として、孔子は「之《これ》に先《さき》んじ之《これ》を労《ろう》す（政治を執る者みずからが先頭に立って民を率い、そして人民をいたわることだ）」（子路篇《しろへん》）と述べています。さらに「倦《う》むこと無《な》かれ（さっき教えたことを飽きることなく継続していきなさい）」とも答えてやっています。行動派ではあるが、飽きっぽいところのある子路への教えとしては、なんとも絶妙な教えだといえます。

いまひとつには、子夏《しか》が莒父《きょほ》という町の代官になったとき、孔子がはなむけの言葉として彼に贈ったものです。「速《すみ》やかならんことを欲《ほっ》すること無《な》かれ。小利《しょうり》を見《み》ること無《な》かれ。速《すみ》やかならんことを欲《ほっ》すれば、則《すなわ》ち達《たっ》せず。小利《しょうり》を見《み》れば、則《すなわ》ち大事《だいじ》成《な》らず（よく治めようと焦ってはならない。目先の小さな利益に目を奪われてはいけない。速く速くと焦れば、見落としが生じて物事を達成できず、小さな目先の利益に目を奪われていると、大きな仕事はできないものだ）」（子路篇）と、学問好きの若い弟子・子夏に長期的・大局的であれと激励しているのです。

弟子一人ひとりの特性を踏まえて的確に政治の要道を説く孔子の教育者としての力量の大きさ・確かさに目を見張ります。

今回紹介した一章は、人付き合いの極意を教えてくれている章でもあります。人というのはそれぞれに在り方が違うものです。ならば一人ひとりの人と誠実に対応するというのは、孔子がやって見せたようにそれぞれにみな違った対応があるはずです。一律でないからこそ、人とのお付き合いは千変万化、面白いのですね。

一章《いっしょう》

子曰《しい》わく、君子《くんし》は人《ひと》の美《び》を成《な》す。人《ひと》の悪《あく》を成《な》さず。
小人《しょうじん》は是《これ》に反《はん》す。

（顔淵《がんえん》第十二・十六）

訓読文《くんどくぶん》

子曰ワク、君子ハ成ス二人之美ヲ一。不ズ成サ二人之悪ヲ一。小人ハ反スレ是ニ。

その意味《いみ》は…

孔子《こうし》その言葉。「教養や徳性をそなえた君子は、人の美点・長所を誉めて伸ばし、それに磨きをかけさせる。また、人の欠点をあげつらったり悪事に手を貸したりすることはない。そればかりか、その人に善なることを勧めて悪なることから手を引かせるようにする。しかし、教養も徳性もない小人は君子と反対のことをする」

学友《がくゆう》を見《み》ていて
気《き》がついた
何《なに》かとウワサ好《ず》きな女子《じょし》
マジで？ウケル～
クス クス クス クス
ホラ あのこってさあ
そんな話《はなし》やめなよ
しかし彼女《かのじょ》はいつも
ひと言《ことい》ってから
その輪《わ》を離《はな》れる
そして周囲《しゅうい》を整頓《せいとん》したり
掃除《そうじ》を始《はじ》めたりする
しかも本人結構無意識《ほんにんけっこうむいしき》。
それって
カッコイイよね
手伝《てつだ》うよ
あなたすごいね
？
ありがとう
すごい？
なにが？

注《ちゅう》「成」とは、成し遂げさせる・完成させるの意。

自分で努力し一つずつ徳を積む

この世の中にはいろいろな人がいます。さまざま複雑な事情もあります。全てがすべてうまくいっている人なんていないのではないでしょうか。そんな時、孔子《こうし》の言う君子がそばにいてくれたら、つまり、いつも人の長所を見つけ出しては、誉めたり励ましてくれたり、悪い心が芽生えそうになったら、すぐに摘み取ってくれたりする人がいたら、どんなにか勇気づけられ頑張れることでしょう。でも、そんな都合の良いことは、この現実世界ではめったにあることではありません。

では、どうしたら良いのでしょう。それを考える前に、ちょっと周りを見渡してみてください。友人関係で悩んでいる人、親子関係で悩んでいる人、先生や先輩と馬が合わなくて悩んでいる人、悩みを抱えているたくさんの人が見つかるはずです。

そこで、考え方をちょっと転換してみませんか。自分自身の心の用い方を君子に近づけていくというのはどうでしょう。まずは、自分の周りにいる人の長所を見つけるためによく人を観察しましょう。一所懸命に見ていれば、今まで気付かなかった人の良いところが一つや二つ必ず見つかるはずです。それが見つかれば、その人を誉めるだけでなく、自分もそれを見習いましょう。人の悪口を言わないように心掛けましょう。もちろん、悪いことには手を出さないようにしましょう。こうしたことを一つずつできるようにしていくのです。昔の人は、そうした善いことを一つずつやっていくことを、「徳を積んでいく」と言いました。何ごとも人任せにするのではなく、自分で努力して、一つずつ徳を積んでいくのです。一気に変えようなどと考えてはいけません。先の遠い話です。だから、目の前で起こることに一つずつ誠実に対応していきましょう。焦ってはいけません。なにしろ忍耐のいることですから。でも、あなたが、一つずつ徳を積んでいけば、あなたの身のまわりに君子に近づこうとする人が増えてきて、日々の生活が和やかになり、ひいてはこの世の中が住みやすくなっていきます。気が付くと、あなたの悩みもちょっぴり軽くなっていると思いますよ。何ごとも一つずつです。

一章《いっしょう》

子貢《しこう》、友《とも》を問《と》う。子《し》曰《い》わく、忠告《ちゅうこく》して善《ぜん》を以《もっ》て之《これ》を道《みちび》く。不可《ふか》なれば則《すなわ》ち止《や》む。自《みずか》ら辱《はずかし》めらるる無《な》かれ。

（顔淵《がんえん》第十二・二十三）

訓読文《くんどくぶん》

子貢問ウレ友ヲ。子曰ワク、忠告シテ而以テレ善ヲ道クレ之ヲ。不可ナレバ則チ止ム。無カレ二自ラ辱メラルル一焉。

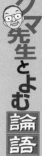

その意《い》味《み》は…

子貢《しこう》が、友達に対してはどうあるべきかをお尋ねした。先生が言われた。「自分の気持ちを偽らずに告げて、相手の人を善い方へと導いて行く。しかし、相手が聞き入れなければ、そこでやめる。何度も繰り返し忠告して相手から嫌われ、自分から恥をかかないようにしなさい」

それはダメだって何度《なんど》も言《い》ってるじゃないか!
あー もう うるせー うるせー
毎回毎回《まいかいまいかい》しつこい奴《やつ》だな!!
ええ!! でも、でも あれはダメだよ…
ウザいんだよ!! あっち行《い》け!
そ、そんな…
先生《せんせい》… ぼく間違《まちが》ってるのかなぁ
相手《あいて》を思《おも》っての行動《こうどう》も ほどほどが良《よ》い時《とき》もある…

忠告は、ほどほどが大切

「子貢《しこう》、人《ひと》を方《たくら》ぶ。子曰《しい》わく、賜《し》や、賢《けん》なるかな。夫《そ》れ我《われ》は則《すなわ》ち暇《いとま》あらず（子貢が人をあれこれと批評した。先生が言われた。『賜（子貢の名）は賢いなあ。私にはそんな暇はないよ』）」（憲問篇《けんもんへん》）と見える通り、子貢は弁の立つ利発な弟子でしたが、一面、先生から皮肉を言われるほど、しばしば人をあれこれと比較し論評する癖があったのです。そうした子貢の欠点を気遣ったのでしょう。孔子《こうし》は、相手を善い方へと導くために忠告をするのは良いが、それを執拗に押し進めると相手から嫌われるばかりか、自分の品性を汚すようなことになりかねない、心するようにと教えているのです。

ところで、「どのような人を教養のある人というのでしょう」との子路《しろ》の問いに、「切切偲《せつせつし》偲怡怡如《しいいじょ》たれば、士《し》と謂《い》うべし。朋友《ほうゆう》には切切偲偲《せつせつしし》、兄弟《けいてい》には怡怡《いい》たり（磨き合い、励まし合い、和やかに親しみ合う、それができれば教養人と言えよう。友達とは互いに厳しく磨き合い、兄弟とは和やかでなくてはならない）」と、孔子は答えています。両人に対する回答には、歴然とした違いがあり、それぞれの弟子の特性を踏まえた回答であったことが知られます。

しかし、子貢に対する孔子の教えは、彼のような特性を持つ人に対してのみ有効なのでしょうか？　そこで参考になるのが里仁篇《りじんへん》に見える次の一章です。「子游《しゆう》曰《い》わく、君《きみ》に事《つか》うるに数々《しばしば》すれば、斯《ここ》に辱《はずか》しめらる。朋友《ほうゆう》に数々《しばしば》すれば、斯《ここ》に疏《うと》んぜらる（子游の言葉。『主君に仕える場合、くどくど諫めると、こちらの意見が聞き届けられないばかりか、かえって侮辱を受けるような結果を招く。友達に対しても、うるさく忠告を繰り返すと、煙たがられ嫌われることになる』）」と、弟子の子游でさえもが、人付き合いの心得について、このように説いているのです。これを見ても、子貢に対する孔子の教えは、私たち全てに適用できる人付き合いの方法だといえましょう。

「過《す》ぎたるは猶《な》お及《およ》ばざるがごとし（やり過ぎも足りないのも、適度を失っている点で同じこと。どちらも良くない）」（先進篇《せんしんへん》）と言われる通り、人付き合いはもちろん、何ごとにつけ、ほどほどというのが大切ですね。

一章《いっしょう》

曽子《そうし》曰《い》わく、君子《くんし》は文《ぶん》を以《もっ》て友《とも》を会《かい》し、友《とも》を以《もっ》て仁《じん》を輔《たす》く。

（顔淵《がんえん》第十二・二十四）

訓読文《くんどくぶん》

曽子曰ワク、君子ハ以テレ文ヲ会シレ友ヲ、以テレ友ヲ輔クレ仁ヲ。

その
意《い》味《み》は…

（弟子の）曽子《そうし》が言った。「学徳の備わった人というのは、教養を深めようとして一緒に古典を学ぶために集まり、そうして集まった友と共にさらに自らの徳性（特に人を思いやる仁の徳）を高めようとするものだ」

【手《て》をつなぐ相手《あいて》】とは
お互《たが》いを理解《りかい》し
認《みと》め合《あ》い
並《なら》んで
歩《ある》いていける相手《あいて》…
それが【友《とも》】である
そして【友《とも》】と
絆《きずな》が強《つよ》まれば
それは【親友《しんゆう》】となり
さらに強固《きょうこ》な
結《むす》びつきで
より高《たか》い目標《もくひょう》に向《む》かって
共《とも》に爆走《ばくそう》できるのだ!!

注《ちゅう》「文」とは、君子たちが学ぶべき古典のこと。当時の古典とは『詩経』とか『書経』とか、あるいはまた、礼について書かれた書物でした。

お互いを高め合うのが「友」

孔子《こうし》の弟子・曽子《そうし》が、友だちとはお互いの徳性を高め合っていく間柄であると語っている大事な一章です。

皆さんは漢字「友」の成り立ちを知っていますか。この漢字は、左手と右手が組み合わさってできています。人が左手と右手をつなごうとすれば、お互いが相手の横に立つしかありません。その時、お互いは同じ方角を向いています。今どき世間では、友だちにすべきは有能な医者と弁護士だなどと、まことしやかに言う人がいますが、これはあまりにも利己的で近視眼的、即物的な友だち観だといえます。友というのは時間をかけて相手の気心や人となりを知って、自分と合わないところも十分知った上で、やはり一番大切なことを一緒に分かち合い、目指していこうとする人をいうのです。自分の価値観だけにとらわれず、難しくても相手を認める努力をし、また自分を相手に認めてもらう努力をして、お互いを高めたり深めたりし合う間柄こそ友なのです。

『論語』季氏篇《きしへん》に、「益者三友《えきしゃさんゆう》・損者三友《そんしゃさんゆう》」という言葉が見えます。そこには「真っすぐな性格の人・誠実な人・見聞の多い人」を友だちに持つことが、「益」につながり、「卑屈で人におもねる人・うわべが良いだけの人・口先のうまい人」を友だちにすると「損」だと言っています。なるほど、正しいことは正しいと言い、誠実で物知りだとなれば、一緒に頑張ってお互いを高め合えるでしょう。それに対して、おべっかばかり使う人、見かけ倒しな人、口先だけの人、そんな人を友だちにすれば、なんの進歩も望めません。そもそも「益者三友」の「益」とは、「不足分を足していっぱいにする」といった意味を持つ漢字です。「益者」として挙げられている「三友」こそが、自らの不足を補い、お互いを高め合える人なのです。ここで「得者」と言わず、「益」の字を使っているのには、意味があるのです。自分の都合の良いように利用するというのは、友だち気分というだけで、本当の友だちでもなんでもありません。

これを機に、友だちとはどういう存在をいうのか、あなたが大きく成長していくためにも、一度は真剣に考えてみる必要があります。

一章《いっしょう》

子《し》曰《い》わく、速《すみや》かならんと欲《ほっ》すること毋《な》かれ。小利《しょうり》を見《み》ること毋《な》かれ。速《すみや》かならんと欲《ほっ》すれば則《すなわ》ち達《たっ》せず。小利《しょうり》を見《み》れば則《すなわ》ち大事《だいじ》成《な》らず。

（子路《しろ》第十三・十七）

訓読文《くんどくぶん》

子曰ワク、毋カレㇾ欲スルコトㇾ速カナラント。毋カレㇾ見ルコト二小利ヲ一。欲スレバㇾ速カナラント則チ不ㇾ達セ。見レバ二小利ヲ一則チ大事不ㇾ成ラ。

その
意味《いみ》は…

孔子《こうし》の言葉。「成果を焦ってはならない。目先の利益に気を取られてはならない。速く成果を上げたいと焦れば成功しないし、目先のちっぽけな利益に気をとられていると大きな仕事はできない」

約束《やくそく》の時間《じかん》に
遅《おく》れちゃうから
さっさと片付《かたづ》けよう!
あ…
あわわわわわ
ドサッ
ドサッ
ドサッ
どんなことでも
丁寧《ていねい》にすることが
大事《だいじ》じゃ
ちょっとずつ
運《はこ》べば
よかった…

腰を落ち着け仕事に励もう！

魯《ろ》国の一村・莒父《きょほ》の長官に就任することが決まった若い弟子の子夏《しか》に対して、孔子《こうし》がはなむけの言葉として贈ったのが、この言葉です。

ところで、孔子の弟子たちは、孔子の勧めもあったのですが、政治に大きな関心を抱いており、弟子たちは孔子に「政治の心得とはなにか？」と折あれば尋ねています。「子貢《しこう》、政《まつりごと》を問《と》う。子曰《しい》わく、食《しょく》を足《た》し、兵《へい》を足《た》し、民之《たみこれ》を信《しん》ず（子貢が政事の心得を尋ねた。孔子は答えて言った。『人民の生活を安定させ、兵備を整え、人民の信頼を得ることが肝心だ』）」（顔淵篇《がんえんへん》）。「仲弓《ちゅうきゅう》、季氏《きし》の宰《さい》となり、政《まつりごと》を問《と》う。子曰《しい》わく、有司《ゆうし》を先《さき》にし、小過《しょうか》を赦《ゆる》し、賢才《けんさい》を挙《あ》げよ（仲弓が魯国の家老職を務める季氏の代官となったとき、孔子にその職を全うするための心得を尋ねた。孔子は答えて言った。『良い役人を登用するのが大事である。なお、その際、小さな過ちは大目に見て、徳有る者・才能ある者を登用することだ』）」（子路篇《しろへん》）。これらの例から分かるように、孔子はいつも、一律に同じ忠告を与えるのではなく、弟子たち一人ひとりの性格・特性をよくよく見極めた上で、おのおのにふさわしい回答を与えてやっています。

それにしても、二人の弟子への回答が政治の要諦を捉えたものであるのに対し、子夏には「焦るな。目先に気をとられるな」と、かんで含めるようです。子夏は、その若さにもかかわらず、孔子の門下にあって「文学（古典の学習）」で名をはせた人物で、コツコツと勉強する努力家でした。しかし、そうした人にありがちな、些細なことにこだわる傾向があり、しかも何分にもその若さゆえに経験不足だったのです。それが、こうした孔子の忠告になったと言えるのです。

そのため、この一章は政治を行うための要諦というよりは、人生訓と言えます。「大局を忘れるな。目先のことにとらわれず、どっしりと腰を落ち着けて仕事に励みなさい」というこの教えが生きるのは、政治に限られたことだけではなく、むしろ、目まぐるしく動いていく現代社会を生き抜いていく私たち一人ひとりが、自分の根幹に持っていなくてはならない教えではないでしょうか。

一章《いっしょう》

孔子《こうし》曰《い》わく、父《ちち》は子《こ》の為《ため》に隠《かく》し、子《こ》は父《ちち》の為《ため》に隠《かく》す。直《なお》きこと其《そ》の中《なか》に在《あ》り。

（子路《しろ》第十三・十八）

訓読文《くんどくぶん》

孔子曰ワク、父ハ為ニレ子ノ隠シ、子ハ為ニレ父ノ隠ス。直キコト在リ二其ノ中ニ一矣。

先生が言われた。「父はわが子のためを思って（子の悪事を）隠し、子は子で父のためを思って（父の悪事を）内緒にします。親子間で交わされるそうした心遣いこそ、親と子の素直な心の用い方というものです」

大切にしたい親子の情愛

孔子《こうし》が何を言っているのか、これだけでは判然としません。それもそのはず、実はこの言葉は、次のようなお話の最後の部分だけを取り出したものなのです。

孔子が天下を放浪していた時、長江《ちょうこう》の南にある楚《そ》の国の葉《しょう》という町を訪れたことがあります。その町の長官・葉公《しょうこう》が孔子に「私が治めている領内に直躬《ちょっきゅう》という名の正直者がいます。どのくらい正直かというと、ある時、迷い込んできた他家の羊を父親が自分のものにしたのを見て、お上に訴え出たばかりか、証言までしたのです」と自慢しました。それを聞いた孔子は、「私の村で正直者と言われるのは、そんな行いをする者とは異なっています。子は父親の罪を内緒にしますし、父親はわが子の悪事を他人へもらしたりはしません。親子の間でお互いがお互いを思いやって罪をかばい合います。親子間における自然な振る舞い方はそうしたかばい合いの中にあると思います」と答えたというのです。

実は、この考え方は今の日本にも受け継がれています。日本の刑法によれば、隠すこと自体は罪ですが、親子の間における人の道はかくこそあるべきだとして特別に罪を許すとされています。なぜこれほどまでに親子間の愛情を大切にしているのでしょう。

『論語』為政篇《いせいへん》に、弟子の有子《ゆうし》が次のような言葉を遺しています。「学、徳の備わった人は、根本を大事にする。なぜなら根本がしっかり定まれば、自分が進むべき道がはっきりするからだ。仁（人を愛すること。人を思いやる気持ち）は、親子がいたわり合い、きょうだいが仲良くすることから生まれ育まれるものだ」と。

説かれる通り、人を愛するとか人を信じるといった私たち人間の基本的かつ高尚な感情は、親子きょうだいの間、家庭内でこそ芽生え育まれるものです。この基礎基盤があればこそ、私たちは社会に出て人と関わることができるのであり、それなくしては不安で不安で社会へ出て行くことも人と関わることもできないのです。

わが子を慈愛深く育てること、親に孝行を尽くすこと、この二つはどの時代にも大切なことです。社会で起こっているさまざまな事件を見るにつけても、今こそまずは親子のあり方をじっくり考えるべき時ではないでしょうか。

一章《いっしょう》

子《し》曰《い》わく、居処《きょしょ》は恭《きょう》に、事《こと》を執《と》りて敬《けい》に、人《ひと》に与《まじわ》りて忠《ちゅう》なれば、夷狄《いてき》に之《ゆ》くと雖《いえど》も、棄《す》つべからざるなり。

（子路《しろ》第十三・十九）

訓読文《くんどくぶん》

子曰ワク、居処ハ恭ニ、執リテレ事ヲ敬ニ、与リテレ人ニ忠ナレバ、雖モレ之クト二夷狄ニ一、不ルレ可カラレ棄ツ也。

その意《い》味《み》は…

孔子の言葉。「どんな所に身を置いていようと常に相手を大切にし、仕事を行うときは決して気を抜くことなく取り組み、人とお付き合いするときには誠実に対応する。これができれば、未開の国に出かけたとしても仲間はずれになることはない」

あら？見《み》たことない人《ひと》だわ
旅人《たびびと》かな？
さあ？
はじめまして今日《きょう》からこの町《まち》に住《す》むことになりました
よろしくおねがいします
ぺこり
はずかしながらまだ右《みぎ》も左《ひだり》もわからないのでこの町《まち》のこといろいろと教《おし》えてください
あ…いや、こちらこそ…よ、よろしく…
いい人《ひと》そうで安心《あんしん》したわ
困《こま》った事《こと》があったらオレに言《い》いな
すみません助《たす》かります
こんど町《まち》を案内《あんない》するよ

人を大切に謙虚な心持ちたい

この言葉は、弟子の樊遅《はんち》が尋ねた「仁」について、孔子《こうし》が答えたものです。面白いことに『論語』には、樊遅が孔子に「仁」について問い掛けた章がもう一つあり、そこで孔子は「人を愛することだ」（顔淵篇《がんえんへん》）と答えています。同じ弟子が同じ問いを発しているのですが、師弟関係が長く続いていれば、こうしたことが起こっても不思議はないでしょう。「人を愛することだ」と解説されるより、手近な起居振る舞い、人との交際の在り方について説明される方が、樊遅にとって理解しやすかったのではないかと思います。

さて、本文に見える「恭」とは、うやうやしい・へりくだって従うこと。「敬」とは、うやまう・真心を込めて努めること。「忠」とは、誠実に対応すること。こう見てくると恭・敬・忠は、他者を決してないがしろにせず、自らはへりくだり他者を大切にすることを意味しています。君子（ひとかどの人間）というのは、こうした美徳を備えているというのです。孔子が、鄭《てい》の国の宰相・子産《しさん》には君子としての徳性が四つ備わっていたと指摘し、そのうちの二つが「其《そ》の己《おのれ》を行《おこな》うや恭《きょう》、其《そ》の上《かみ》に事《つか》うるや敬《けい》」（公冶長篇《こうやちょうへん》）と述べているのを見ても、自らへりくだり人を敬うことが美徳とされていたことは確かです。

ところで、近年、国際化が進む中で、この美徳とされてきた謙遜・謙虚さが外国人には理解されにくいもののようです。その典型的な一例が「つまらないものですが」と言ってプレゼントをする風習。今では「つまらないものならいらないよ」という冗談になっているほどです。確かに、謙遜が美徳として通用した時代から、少しずつ世の中・人の考えは変わってきていて、必要以上の謙遜は、自己表現と相いれない部分もあるでしょう。

では、本当に日本人が長年、美徳としてきた謙虚さを捨て去って良いものでしょうか。それも違うと思います。この章で孔子が述べた「人を大切にし、謙虚な心で人に対峙する」姿勢をなくしたら、世の中は本当に自己中心の集まりになってしまい、社会が立ち行かなくなってしまうでしょう。つまり、自己表現も大切ですが、それと同じくらい、人を大切にし、謙虚な心を持つことも大切なのです。私たちみんなが孔子の言う「仁」の心を持つことができたら、世の中はもっともっと住みよくなるとは思いませんか。

一章《いっしょう》

子《し》曰《い》わく、君子《くんし》は和《わ》して同《どう》ぜず。小人《しょうじん》は同《どう》じて和《わ》せず。

（子路《しろ》第十三・二十三）

訓読文《くんどくぶん》

子曰《ワク》、君子和《ハ》而《シテ》不レ同《ゼ》。小人同《ハ》而《ジテ》不レ和《セ》。

孔子《こうし》の言葉。「教養・徳性を身に付けた君子は、人と協調・融和できる。だからといって考えもなく人の意見に同調することはない。しかし、教養も徳性も身に付いていない人たちは、自分の意見もしっかり持っていないので、簡単に人の意見に同調するが、自分の周りの人と協調できない」

意見の違いを理解し仲良くしよう

この一章では、君子（人格者）と小人（徳のない人）との違いが説かれています。肝心なのは「和」と「同」の違いです。「和」とは、「融和」「和親」といった熟語に使用される「和」、つまり人と人とが和らぎ仲良くすること。この章では、自分の意見は意見として、異なる意見を持っている人とでも多様性を認め、仲良くする意。「同」とは同調する意。この章では、自分の考え・意見もなく人の意見に同調すること、いわゆる「付和雷同」の意味です。

人と人とのお付き合いが面白いのは、お互いの意見の違いを理解しながら調和点を見つけ出し、自分自身の考えに、より高みや広がり深まりを持てた自分を発見できたときです。無論、話が平行線をたどって同じ着地点を見つけられない場合でも、相手を否定・無視することなく、お互いに相手の立場や考え方を理解し合い、大切にし合うことができれば良いのです。人がそれぞれの考えをぶつけ合って、全てが全て同じ方向に決着を見るなんてことはありません。だからといって、そのためにけんか別れをすることはないのです。孔子《こうし》は、一角の人間である君子にはそれができると言っているのです。

『論語』の中には、君子と小人が対比されて語られる章句がたくさんに見えていますが、人との付き合い方における君子と小人との違いを問題にした章をいまひとつ引いてみましょう。「子曰《しい》わく、君子《くんし》は周《しゅう》して比《ひ》せず。小人《しょうじん》は比《ひ》して周《しゅう》せず（孔子の言葉。『人格者は分け隔てなく幅広く人間関係を築いていくが、そうでない人たちは偏った少数の人たちとしかつき合わない』）」（為政篇《いせいへん》）。では、自分と気が合う人とだけでグループをつくり、それ以外の人とはお付き合いをしない小人は、どうして良くないのでしょうか。

答えは簡単です。世の中には実にいろいろな人がいます。それを、仲良しグループをつくってその中でだけお付き合いをしていると、なるほど楽しくはできても、なかなか自分を広げることができません。幅広くお付き合いができる人は、人が持っているものからたくさんの刺激を受けることができるのです。最初に挙げた「和して同ぜず」といった言葉を思い出してください。仲良しグループも大切ですが、他のいろいろな人とも仲良くしていけるようになれれば、もっともっと良いですね。

一章《いっしょう》

子《し》曰《い》わく、剛毅《ごうき》木訥《ぼくとつ》、仁《じん》に近《ちか》し。

訓読文《くんどくぶん》

子曰《ワク》、剛毅木訥、近《シ》レ仁《ニ》。

（子路《しろ》第十三・二十七）

その
意味《いみ》は…

孔子の言葉。「物欲にとらわれることがないので、決断に迷いがなく、それを行動に移す。粗削りではあるが純朴であり、口べたで言葉数が少ない。こうした特性は、実は、仁（思いやりの豊かな人間）に近いと言える」

せーの…
ちょっとまちたまえよ
かよわい女性《じょせい》がムリしちゃダメダメ
ケガしちゃうぞ
カワイコちゃん
ボクが持《も》ってアゲル！
あ…いや えっと…
ボクってほらやさしいからさ！
ついでに持《も》って行《い》く
わ、ありがとう！
あー！ボクの見せ場《みせば》が!!
ひょいっ
今度《こんど》お礼《れい》を♡
え？いや そんなつもりでは
なぜアイツの方《ほう》がいいんだ！
「巧言令色《こうげんれいしょく》」より「剛毅木訥《ごうきぼくとつ》」であれ
そのほうがモテるぞい

注《ちゅう》「剛毅木訥」とは、それぞれに「剛」は物欲に左右されないこと、「毅」は果敢に決断すること、「木」は質朴で飾り気のないこと、「訥」は口数が少ないことを言います。

誠実さと思いやりの心大切

「仁（思いやりの心）」とは、人間がこの世を生きていく際、最も大切な徳として孔子《こうし》が提示したものです。ただ、この一章は「仁」について触れていますが、「剛毅木訥」の四つの特質がそのまま「仁」であるとは言っていません。極めてそれに近いと言っているに過ぎないのです。なぜでしょう。

その前に、この一章と対比的に述べられている次の一章を検討してみましょう。学而篇《がくじへん》に「子《し》曰《い》わく、巧言令色《こうげんれいしょく》、鮮《すくな》し仁《じん》（孔子の言葉。『ことば巧みに語りかけ、外見を飾りたてている人の中には、真に思いやり豊かな人というのは、めったにいないものだ』）」とあります。「巧」とは「たくみ」、「令」とは「善い」という意味で、本来は悪い意味ではありません。しかし、「巧言令色」は、ことさらに言葉を巧みに飾り、顔色・態度を和らげることを言っています。現代は、言葉を飾り弁舌爽やかに語りかけ、にこやかに人に接することがもてはやされるようですが、そこには誠実に人を思いやることには関係ない不要な要素（たとえば、わざとらしさ・おためごかし）が入り込んでいるかもしれません。なんとか人に取り入ろうとする下心でもあるのではといった疑念すら湧いてきます。でも、残念ながら私たちにはそれを見抜くことができません。孔子はそれを言っているのでしょう。長い人生経験の中から、そうした人たちの中には、誠心誠意の思いやりができる人は少ないものだ。それゆえ、警戒しなさい、と言っているのです。

今回の一章に立ち帰ってみるとどうでしょう。無欲でぶれない人、決断力があって行動力もある人、（流行の先端からは少し外れてはいるが）純朴な人、口べたで言葉数が少ない人の方が「仁」に近い、つまり、誠実で思いやりがある人が多いということなのですよね。

ところで、孔子の時代には良しとされた口下手は、現代では、なかなか通用しません。なにしろ、現代は、自己アピールや自己表現が強く求められる時代。言葉を飾り立てる必要はありませんが、必要に応じて、自己表現する力・相手に伝える力、今はそれを培う努力も必要ですね。

一章《いっしょう》

子《し》曰《い》わく、古《いにしえ》の学者《がくしゃ》は己《おのれ》の為《ため》にし、今《いま》の学者《がくしゃ》は人《ひと》の為《ため》にす。

（憲問《けんもん》第十四・二十五）

訓読文《くんどくぶん》

子曰ワク、古之学者ハ為ニシレ己ノ、今之学者ハ為ニスレ人ノ。

その
意味《いみ》は…

孔子《こうし》の言葉。「昔、学問に志していた人たちは、自分の修養のために学んでいた。しかし、今の学者たちは、人に見せびらかすために学問するようになってきている」

この学園《がくえん》への志望動機《しぼうどうき》をあなたからどうぞ
はい
ここの学生《がくせい》ってだけで学歴自慢《がくれきじまん》できるしイイトコに就職《しゅうしょく》できるし女《おんな》の子《こ》にモテモテだって聞《き》いたので！
わたしは先生《せんせい》の教《おし》えを学《まな》びそれをたくさんの子《こ》どもたちに教《おし》え新《あたら》しい世《よ》の中《なか》を担《にな》う次《つぎ》の世代《せだい》を育《そだ》てたいのです
君《きみ》のような人間《にんげん》を待《ま》っていた!!!
えー
そっちの君《きみ》の考《かんが》えは丸《まる》めてごみ箱《ばこ》にポイしなさい!!!

世の人々のためを願って学ぼう

孔子《こうし》が生きていた時代の学問と言えば、社会の中で自分がどのように振る舞うべきかを学ぶことであり、古くから蓄積されてきた教養を身に付けることでした。しかし、孔子は、同時代の人の中に、人より自分が物知りだと自慢したいがために学問をする人々が出始めていることを知って、嘆いているのです。「人の為にす」というのは、「人の為になるようにする」という意味ではなく、「自分が人に自慢する為にする」といった意味で使われています。

孔子学園の教育目標が君子の養成にあったことはよく知られています。雍也篇《ようやへん》で弟子の子夏《しか》に向かって「女《なんじ》、君子《くんし》の儒《じゅ》となれ、小人《しょうじん》の儒《じゅ》となること無《な》かれ（人格を磨いた教養人となりなさい。間違っても、ただ知識だけを見せびらかす学者となってはならない）」と諭しているのは、その好例と言えるでしょう。子夏という弟子は、コツコツと勉強する努力家でしたが、自己修養よりも古典の勉強ばかりに心を傾けるところがあったのです。だからこそ、孔子はこの若い弟子に向かって、このような忠告をしたのでしょう。

ところで、孔子の学問観がこうだと、当然、弟子たちの関心は「君子」へと向かい、「君子」になることを目指すことになるでしょう。『論語』をひもとけば、実に多くの弟子たちが、「君子とは、いかなる人をいうのか」と孔子に問いを投げかけています。次に掲げる憲問篇《けんもんへん》の一章は、その好例です。弟子の子路《しろ》に「君子とは、どういう人を言うのでしょう?」と尋ねられて、孔子は「己《おのれ》を修《おさ》めて以《もっ》て百姓《ひゃくせい》を安《やす》んず（己の身を修めた暁には、世の人々が安心して暮らせるよう心を砕くことだ）」と答えています。君子とは、己の修養の後には、社会のため人のために尽くすものだと明言しているのです。ここまで来れば、孔子の学問観と、今回取り上げた一章の中に見えた「人の為にす（自分の知識を人に自慢するために学問をする）」との間には、歴然とした違いがあることが知られます。

そうですね。孔子が言うように、学問することが単に自分の知的好奇心を満たすもの・自分の幸福を願うためだけのものではなく、もちろん、人に自慢するためなど論外で、もう一歩進んで、世の人々のためを願うものだとなれば、この世は幸せになるでしょうね。

一章《いっしょう》

子《し》曰《い》わく、天《てん》を怨《うら》みず、人《ひと》を尤《とが》めず、下学《かがく》して上達《じょうたつ》す。我《われ》を知《し》る者《もの》は其《そ》れ天《てん》なるか。

（憲問《けんもん》第十四・三十七）

訓読文《くんどくぶん》

子曰《ワク》、不レ怨《ミ》レ天《ヲ》、不レ尤《メ》レ人《ヲ》、下学而《シテ》上達《ス》。知《ル》レ我《ヲ》者《ハ》其《レ》天《ナルカ》乎。

その意味《いみ》は…

孔子《こうし》の言葉。「(たとい、運が悪いなぁと思うようなことがあったとしても)天を怨みはしない。(自分のことを人に分かってもらえないことがあったとしても、どうして分かってくれないの、と)人を咎めはしない。地道に手近なことから学び始めて、次第に高い理想へと進んでいった。そのような私を本当に分かってくれているのは、他でもない、天であろうよ」

人生《じんせい》は長《なが》い階段《かいだん》のようなものである
その階段《かいだん》を重《おも》い荷物《にもつ》を背負《せお》ったままのぼろうとする者《もの》がいる
こんな荷物《にもつ》を持《も》ったままでは
ついてない
ムカつく
だれもオレをわかってくれない
おれだってチャンスさえあれば
あいつのせいで…
みんなでオレのジャマをしている
どうしておればっかり
あいつさえいなければ…
上《うえ》に行《い》くことは難《むずか》しい
怨《うら》む心《こころ》を手放《てばな》せば
どうしておればっかり
あいつさえいなければ…
あれ？？なかぐるった？
残《のこ》る心《こころ》は君《きみ》に必要《ひつよう》なものばかり
それらを大切《たいせつ》に人生《じんせい》を一歩一歩《いっぽいっぽ》しっかりと歩《あゆ》むのじゃ
努力《どりょく》
覚悟《かくご》
信念《しんねん》
高《たか》みを目指《めざ》すぜ！

注《ちゅう》「天」とは、一人ひとりの人間に運命とか使命とかを与える霊妙な力を持つ存在。昔、人間の運命は天の神が決めるものだと考えられていました。

頑張りは自分自身で認めたい

運が悪いとか、人に分かってもらえないとか、そんなことがあれば、身近な両親や友人についつい不平不満をぶちまけたくなるものです。しかし、孔子《こうし》はそれをぐっと腹におさめて、決して天を怨むことをせず、人を咎めることもなく、じっくり構えて、身近なところから少しずつ難しいことへ、高度・高遠なところへと一歩一歩、歩みを進めていったと言っています。どうしてそんなすごいことができたのでしょう。

『論語』里仁篇《りじんへん》の一章に「徳《とく》は孤《こ》ならず。必《かなら》ず鄰《となり》有《あ》り」とあります。人知れず修養し徳を積んでいれば、必ずやその人を理解してくれる人が現れるものだと、孔子は言っています。しかし、本当に理解してくれる人が出てくるまでには、長い時間がかかるかもしれません。また、すぐそばにそういう人がいても、気づけないことだってあるでしょう。そんな状況の中で、地道にこつこつと、自分が信じたことに向かって日々努力していくことは、辛いことです。おそらく孔子自身もそういう辛さを何度も味わったことがあったはずです。その時、孔子は「きっと天が分かっていてくれる」と信じて乗り切ったのだと思います。そして、それができたのは、自分が努力していることを、自分自身で認めることができる強い人であったことが大きく影響しているでしょう。

これは孔子に限ったことではありません。私たちだって自分が頑張ったことは、自分自身でしっかり認めることが大切です。まずは目の前にある、やるべきことを一つずつやり遂げていく、そしてその努力を自分で認めていく。その二つを積み重ねていくうちに、理解者が現れるのだと思います。

日本にも古くから「御天道様（太陽のこと）が見ている」といった言葉が語り継がれています。御天道様が、善いことと悪いこと、私たちのやることとなすこと全てを見ておられる。そうした素朴な心の支えを持ちながら、悪事に走ることを思いとどまったり、くじけそうになる気持ちを奮い立たせたりしながら生きていくのが人間だよと教えています。

さあ、あなたも自分の努力を怠ることなく、自分を信じて前を向いて歩いて行きましょう。御天道様が見ていますよ。

一章《いっしょう》

子《し》路《ろ》、慍《いか》って見《まみ》えて曰《い》わく、君子《くんし》も亦《ま》た窮《きゅう》すること有《あ》るか。
子《し》曰《い》わく、君子《くんし》、固《もと》より窮《きゅう》す。小人《しょうじん》は窮《きゅう》すれば、斯《ここ》に濫《みだ》る。
（衛霊公《えいれいこう》第十五・二）

訓読文《くんどくぶん》

子路慍《ツテ》見《エテ》曰《ワク》、君子《モ》亦《タ》有《ルカ》レ窮《スルコト》乎。
子曰《ワク》、君子、固《ヨリ》窮《ス》。小人《ハ》窮《スレバ》、斯《ニ》濫《ル》矣。

子路が腹を立てて先生にお目見えして、「学問を積み修養もした一角の人間でも、困窮することがあるのですか」と尋ねた。すると孔子《こうし》は答えた。「一角の人間であっても困窮することはある。（ただ、それでうろたえることはない。が、）教養もなく修養も足りていない人間は、困窮すればやけを起こすものだ」と。

豆知識《まめちしき》 ◆ **一世木鐸《いっせいのぼくたく》**

世の中の人々を教え導く人をたとえる言葉。木鐸とは、木製の舌のある金属製の鈴。古代の中国で、法令を改めて公示するとき振り鳴らした。出典は『論語』八佾篇《はちいつへん》。「儀《ぎ》の封人《ほうじん》曰《い》わく、天下《てんか》の道《みち》無《な》きや久《ひさ》し。天将《てんまさ》に夫子《ふうし》を以《もっ》て木鐸《ぼくたく》と為《な》さんとす（儀の国境を守っている役人が言った。『天下に道が行われなくなって、久しいことです。しかし、天は、孔子を取り立てて、人々に世直しをするための指導者になされるでしょう』）」と見えます。「金口木舌《きんこうもくぜつ》」ともいいます。

どんな時でも志持ち毅然と

先生を大好きな子路《しろ》が、腹を立てて先生に詰問するのには、何か特別な理由があるはずです。実はこの頃、孔子《こうし》や弟子たちは生国・魯《ろ》の国を出て天下を周遊していましたが、南方にある楚《そ》の国から要請を受けて、そこへ出向くことになりました。その旅の途中、呉《ご》の国の侵攻を受け飢饉に陥っていた陳《ちん》の国に入りました。そのため、孔子の一行は食糧を手に入れることができず、孔子のお伴をしている弟子たちは飢えに苦しみ、病み疲れ果てて、起ち上がることもできない状況に陥ったのです。

子路は、先生を誰よりも敬愛していたのですが、弟弟子たちのことも人一倍思いやる義侠心のある男です。みんなの困窮する姿を見かねて、弟子たちを代表するかの如く、孔子に「先生を信じて従ってきたのですが、一体全体、これはどうなっているのですか」と詰め寄ったのです。しかしながら、子路の問いに答えた孔子は、泰然自若、毅然として落ち着き払ったものでした。「道を追い求め実践していく君子だって、いつもいつも順調に事が進んでいくばかりではないよ。困窮することだってあるものだ。しかし、志を持たない人たちは、困窮したとなると、取り乱して何をしでかすやも知れぬ。大切なのは志を持つ我々はそんなことであってはならないということだ。毅然として耐えていこう」。こう言って、かわいい子路のいらだちを解き、教え諭したのです。最終的には、楚の国の迎えが来てくれたことで、孔子の一行は窮地を脱することができたのでした。

孔子の教えは、こと人間関係において「直《ちょく》を以《もっ》て怨《うら》みに報《むく》い、徳《とく》を以《もっ》て徳《とく》に報《むく》いん（怨みに思う相手に対しては、率直な気持ちで公明正大に報い、恩恵を受けた人に対しては、恩恵をもって応える）」（憲問篇《けんもんへん》）とあり、人の善行は必ずや善意でもって報いられるはずのものでした。しかし、現実社会の中では、物事はそう理想通りには運ばぬものです。それに対して孔子は動じることなく、毅然として信念を通すことを子路やその他の弟子に諭したのですね。今一度、孔子の有り様に立ち帰れば、困窮した際にも、うろたえ取り乱すことなく、志を見据えた毅然としたものでした。どんな時代を迎えようと、私たちは、この孔子の姿を心に刻みつけて生きていきたいですよね。

一章《いっしょう》

子《し》曰《い》わく、人《ひと》にして遠《とお》き慮《おもんぱか》り無《な》ければ、必《かなら》ず近《ちか》き憂《うれ》い有《あ》り。

（衛霊公《えいれいこう》第十五・十二）

訓読文《くんどくぶん》

子曰《ワク》、人而《ニシテ》無《ケレバ》二遠《キ》慮《リ》一、必《ズ》有《リ》二近《キ》憂《イ》一。

その意味《いみ》は…

孔子《こうし》の言葉。「人は、先々のことまでよくよく考えて行動しなければいけません。もし、先々のことを何も考えずに行動すれば、きっと身の回りで、近いうちに困ったことが出てくるものです」

夏休《なつやす》み
キタ━━(゜∀゜)━━!!!!!
虫取《むしと》りに
川《かわ》あそび
海《うみ》と
山《やま》に
行《い》って
遊《あそ》びました。
ばーちゃんちで
スイカ食《た》べて
夏祭《なつまつ》りで花火《はなび》見《み》て
盆踊《ぼんおど》りもして
楽《たの》しかったです。
あんた
この宿題《しゅくだい》の山《やま》と
休《やす》み明《あ》けの課題《かだい》テスト
どーすんの?

先々のこと考えて行動を

たとえば、ライオンのことを考えてみましょう。ライオンはおなかがすいたら群で狩りをします。おなかがいっぱいになれば、それで終わりです。食べ残しは、そのまま放置します。明日の獲物のことなど考えもしません。

しかし、人間は違います。みんなで協力して獲物を捕まえたとすると、当然、その獲物の肉は食卓に上るのですが、残った肉は、先々のことを考えて、干し肉にしたり燻製にしたりして、大切に保存します。お米を作る人たちだって、それは同じです。お米は、一年に一回しかとれません。だから、来年にまく種を残して、残りを一年間に分けて少しずつ食いつないでいくのです。そうしなければ、食べ物が無くなり大変なことになります。このように私たち人間は、昔からしっかり先々のことまで考えて行動してきたのです。

ところで、先々のことを考えるということについては、現在の私たちは、大きな問題を抱えています。「地球温暖化」という言葉を聞いたことがあるでしょう。空気中に含まれる二酸化炭素などの温暖化ガスの急増により、地球の表面温度が上昇し、その結果、世界中でいろいろな異常現象が身の回りで起こっています。南極の氷が溶け出して海面水位が上昇し、低い陸地が水没しつつあること。豪雨・干ばつなどの異常気象が引き起こす水害・森林火災・陸地の砂漠化の進行などなど。温暖化が引き起こす被害は多岐にわたり、かつまた甚大です。1997年に締結された「京都議定書」は、地球の先々のことを考えて、地球温暖化に対して世界的規模で取り組もうとした初めての試みです。

私たち人間は、便利さや、快適さを追い求めてきました。だからこそ、社会は発展してきたと言えるでしょう。しかし、今、それをどんどん推し進めていくことの危険性が地球温暖化という事実によって、示されたのです。この地球はかけがえのない物であり、二つとはありません。ゲームのように、うまくいかなかったからといって、リセットはないのです。そうだとすれば、先々のこと、つまりこの地球をできるだけ住みやすい環境で、次の世代、そのまた次の世代へと引き継いでいくことを考えなくてはなりません。孔子の言葉は、こんなことにまで波及してくる、実に重い言葉なのです。

一章《いっしょう》

子曰《しい》わく、君子《くんし》は諸《これ》を己《おのれ》に求《もと》む。小人《しょうじん》は諸《これ》を人《ひと》に求《もと》む。

（衛霊公《えいれいこう》第十五・二十一）

訓読文《くんどくぶん》

子曰ワク、君子ハ求ム二諸ヲ己ニ一。小人ハ求ム二諸ヲ人ニ一。

その意味《いみ》は…

孔子《こうし》の言葉。「品格の高い君子は、何事につけ責任を自分に求めるものだ。しかし、心が狭く品性に欠ける小人は、何事につけ他人に責任をとらせようとする」

失敗《しっぱい》しちゃった! 君《きみ》はどうする?

あの時《とき》ボクがやったのは…
あれが原因《げんいん》?
じゃあ今度《こんど》は他《ほか》の方法《ほうほう》で…
あいつがやれって言《い》ったんだ!
ボクのせいじゃないもん!
失敗《しっぱい》はあいつのせいだよ!

彼《かれ》らはどんな大人《おとな》になるのかな?

自分《じぶん》で言《い》ったからには必《かなら》ず成《な》し遂《と》げる!
責任《せきにん》はボクがとる!
うむ すばらしい
失敗《しっぱい》してもボクは知《し》らないよ!
責任《せきにん》なんかとらないからね!
………
ちっさい男《おとこ》じゃのう
人《ひと》のせいにして相手《あいて》を責《せ》めているばかりの
器《うつわ》の小《ちい》さな大人《おとな》になってはいかんぞ
キヨツケマス

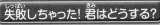

責任は自分で取ろう！

この一章には、君子と小人とでは、自他に対する対応の在り方に大きな違いがあること、しかもその違いが対称的であることが述べられています。

例えば、何かにみんなで取り組むということがあるとします。その結果がうまくいったときは、みんなで良かったねと喜び合えば良いのですが、問題は失敗したときです。失敗したら、まず一番にすべきことは、失敗したという事実に向き合い、その原因を考えることです。ところが、この原因究明に向かう姿勢が、人によって大きく分かれるのです。しっかり事実を受け止めて、自分が責任をとることを恐れず、敗因を見極めようとする君子と、ただただ責任逃ればかりを考えて、敗因を考えるどころか、なんとかして人に責任を押しつけようとする小人との二通りです。同じ失敗を繰り返さないためには、失敗の原因が何であったのかを明らかにしなくてはなりません。「失敗は成功の母」という言葉通り、失敗から学ぶことは、本当にたくさんあるのです。

その意味からも、責任をとることを恐れずに事実に向き合うことは必要なのですが、いまひとつ、別の意味からもこうした姿勢・態度は大切なのです。その上で参考になる一章が、『論語』衛霊公篇《えいれいこうへん》に見えています。「子曰《しい》わく、躬自《みみずか》ら厚《あつ》くして薄《うす》く人《ひと》を責《せ》むれば、則《すなわ》ち怨《うら》みに遠《とお》ざかる」。ここで孔子《こうし》は「自分自身に対しては厳しくするように心掛け、人に対してはあまり責めないようにすれば、自分が人を怨めしく思うとか、人から怨まれるとかいうことが少なくなる」と言っています。

人はともすれば自分自身には寛大であるのに対して、相手には厳しくなり、ついついたくさんなことを期待するものです。しかし、それでは相手は面白くありません。厳しく当たられ、いじめられている気がして怨むことだってあるでしょう。それとは逆に、自分の方だって、期待しているのにやってもらえないとなれば、相手を怨む気持ちが芽生えてくるかもしれません。孔子は、自他の関係の中で、こうした怨んだり怨まれたりすることを回避するための方法としても、これを説いていたのです。

私たちも自分自身には厳しく、人には寛容であることを心掛けたいものですね。

一章《いっしょう》

子曰《しい》わく、衆之《しゅうこれ》を悪《にく》むも必《かなら》ず察《さっ》し、衆之《しゅうこれ》を好《この》むも必《かなら》ず察《さっ》す。

（衛霊公《えいれいこう》第十五・二十八）

訓読文《くんどくぶん》

子曰ワク、衆悪ムレ之ヲ必ズ察シ焉、

衆好ムレ之ヲ必ズ察ス焉。

先生が言われた。「多数の人がその人のことを悪い人だと言っている場合でも、それをそのまま信用するのではなく、（本当のところはどうなのか）必ず自分でそれをよく見極めなくてはならない。また、多数の人がその人のことを良い人だと言っている場合でも、必ずそれをよく見極めなくてはならない」

情報をしっかり見極めたい

孔子《こうし》が生きた時代は、今から二千五百年も以前のことです。その時代の情報量は、「情報社会」と言われる現代と比べると雲泥の差があると言えるでしょう。その情報の少ない時代に生きた孔子が、情報には警戒すべきだと警鐘を鳴らしているのです。

たとえば、皆さんが学校の宿題で何か調べものをするならば、インターネットで検索するか、図書館から図書・百科事典などを借り出して、情報を取りまとめるでしょう。

しかし、これには注意が必要です。ネット上の情報は、その記載に責任を持つ人が明確にされないため、正しい情報もあればいい加減な情報もあります。中には、悪意をもって書かれた情報が紛れ込んでいることだってあるのです。

その点、図書・百科事典は著者も出版社もはっきりしていて、責任をもって情報を出しているはずです。しかし、その情報が全て正しいとは限りません。その上に、書かれた時点では正しい情報であっても、時間がたつうちに古くなってしまい、とても正しい情報であるとは言えなくなることもあるのです。新しい発見があったり新しい資料が出てきたりしたとなると、それまでの知識や情報が全て塗り替えられることさえあります。

だからこそ情報を利用するときには警戒が必要なのです。誤った情報や古くなってしまった情報をそのまま利用すれば、導き出した結果に誤りが生じます。本やネット上の情報を利用することは、一見、便利そうですが、実は、こうした危険性を常にはらんでいることを肝に銘じていなくてはなりません。それ故、ものを調べるときには、一つの情報にだけ頼るのではなく、いろいろなものをきちんと読み比べて、少しでも正しい情報に近づくようにしなくてはならないのです。

書き付けられた情報がそうであるなら、口から口へと伝わる人のうわさというのは、誰がどこで言い出したかも分からない、確証のない無責任な情報と言えるでしょう。

つまり、孔子は賢明なことに情報の少ない時代にあっても、情報の危険性に気付いていたということです。となれば、情報のあふれている現代、いよいよもって私たちは、情報をそのままうのみにすることなく、しっかりと見極めなくてはなりませんね。

一章《いっしょう》

子曰《しい》わく、過《あやま》ちて改《あらた》めざる、是《これ》を過《あやま》ちと謂《い》う。

（衛霊公《えいれいこう》第十五・三十）

訓読文《くんどくぶん》

子曰《ワク》、過《チヲ》而不《ル》レ改《メ》、是《ヲ》謂《ウ》レ過《チト》矣。

孔子《こうし》の言葉。「間違った・失敗したと気付きながら、それを直そうともせず、そのまま放置したりごまかしたりするとしたら、（せっかくの失敗を生かせなかったという点から言っても）それこそ本当の過ちというものだ（人は失敗したり間違ったりするものです。でも、間違ったらよくよく反省をして二度と同じ失敗を繰り返さないようにすることにこそ意味があるのです）」

豆知識《まめちしき》 ◆益者三友《えきしゃさんゆう》

自分自身の人生を豊かにしてくれる三種類の友達のこと。『論語』季氏篇《きしへん》に「直《なお》きを友《とも》とし、諒《まこと》を友《とも》とし、多聞《たぶん》を友《とも》とするは、益《えき》なり」と見えます。「直」とは正直、「諒」とは誠実、「多聞」とは、もの知りの意。この言葉は、孔子が「友を選ぶのであれば、正直な人・誠意のある人・知識の豊かな人を選びなさい。そうすれば、豊かな人生を送ることができますよ」と述べたもの。友達選びは大切なことですね。

失敗から学ぼう！

ちょっと幼い子どもたちに目を向けてみましょう。

幼い子どもたちは、善悪の判断はもちろん、何も分からず、純真です。でも、好奇心のかたまり。それ故、あちこちでたくさんの失敗をします。実は、私たちもみんなそうだったのです。その数々の失敗や間違いを、お父さんやお母さん、あるいは先生といった身の回りの大人たちに諭され、たしなめられ、あるいはしかられたり怒られたりしながら、ここまで生きてきたのです。そのかいあって、今では、あれもこれもいちいち注意を受けなくとも失敗や間違いをすることが少なくなっています。それは、失敗や間違いを繰り返す経験の中から、私たちは多くのことを学び、その分だけ成長してきた証しなのです。

そんなふうに考えると、私たちは失敗することを恐れる必要もなく、過ちを犯すこともあながち悪いことではないと分かります。問題は、自分が過ちを犯したということに気付かないこと、あるいは、それに気付きながら、その失敗にしっかり向き合わず、ごまかしたり逃げたりすることなのです。

私たちは日々、いろいろなことに取り組んでいます。その中には、うまくいくこともあれば失敗することもあります。成功した場合はどうでしょう。むろん、うまくいくにはそれだけの理由や原因があるはずです。しかし、うまくいった場合は、その喜びに心が向かっていて、成功の原因がどこにあったのかということにまで考えが及びません。それに対して、失敗した場合はどうでしょう。その時はがっかりしても、少し落ち着いてきて、その原因がどこにあったのかを一所懸命に考えることができたら、それは何より貴重な経験になるとは思いませんか。そうした謙虚な反省ができれば、この苦い経験が他のことにも生かされて、同じような失敗は少なくなります。それが大事なのです。世間に、「失敗は成功の母」といった言葉がありますが、それはこのことを言っているのでしょう。

孔子《こうし》も、それを言っているのです。過ちを犯したにも関わらず、それに向き合わないでごまかしたり、そのまま放置したりして改めないということは、成功のチャンスである失敗や過ちを生かさないことであり、それこそが本当の過ちなんですよね。

一章《いっしょう》

（孔子《こうし》）曰《い》わく、詩《し》を学《まな》びたりや。対《こた》えて曰《い》わく、未《いま》だし。詩《し》を学《まな》ばずんば、以《もっ》て言《い》うこと無《な》し。鯉《り》退《しりぞ》きて詩《し》を学《まな》ぶ。

（季氏《きし》第十六・十三）

訓読文《くんどくぶん》

（孔子）曰《ワク》、学《ビタリヤ》レ詩《ヲ》乎。対《エテ》曰《ワク》、未《ダシ》也。

不《ンバ》レ学《バ》レ詩《ヲ》、無《シ》二以《テ》言《ウコト》一。鯉退《キテ》而学《ブ》レ詩《ヲ》。

（孔子がわが子・鯉《り》に）「お前は『詩経』を学習したかな？」と尋ねました。鯉が「いいえ、まだです」と答えると、「『詩経』を学習しないと、ちゃんとした会話ができないぞ」と言われました。そこで私・鯉は、部屋に帰って『詩経』を勉強しました。

注《ちゅう》 「詩」とは、孔子学園の教科書の一つ『詩経』のこと。「鯉」とは、孔子の息子の名前。呼び名は伯魚《はくぎょ》。

言葉を学び人とつながろう!

この一章は、次のような前置きの後に続く孔子《こうし》と息子の会話の一部です。ある時、孔子の息子が、孔子の知人から「あなたは（先生のお子さんだから）なにか私たちとは違った特別な事を、先生から教えられたことがあるでしょう」と尋ねられて、「今までそんなことはありません。しいて言えば、ある日、父が一人で庭に立っていた時、その前を邪魔にならないよう通り過ぎようとしたところを呼び止められ、先のように尋ねられました」。

『詩経』は、孔子学園の教科書の一つ。孔子が息子に『詩経』を学ぶよう諭したとしても、別段、変わったことではありません。が、面白いのは、それをしっかり学習しなければ、人との対話にも事欠くことになる。それほどまでに『詩経』の学習は大切なことだ、と言っている点です。『詩経』は、中国の各地で創られた詩歌を孔子が編纂した本です。各地の風物・国情・人情が美しい言葉で細やかに詠い込まれています。その中には、恋の詩や政治風刺の詩、厳かな儀式の中で歌われる詩もあり、それはもうさまざまです。

その『詩経』を、孔子はなぜ大切だとしているのかが『論語』陽貨篇《ようかへん》に見えています。「子曰《しい》わく、小子《しょうし》、何《なん》ぞ夫《か》の詩《し》を学《まな》ぶこと莫《な》きや」（先生の言葉。「門人たちよ、なぜあの『詩経』を学ばないのかね」）と前置きした後、孔子は『詩経』を学ぶ効用を丁寧に説き明かします。「『詩経』を学べば、まず、自然の風物や人間模様に興味関心を抱くようになれる。次には、それらをしっかりと観察できる目も養われ、さらには、同好の士を集めて、もっと詳しく理解し合えるようにもなり、世の在りようについても正しく判断し対処できるようにもなれる（後略）」とさえ言っているのです。つまり、詩を学び言葉を習得すれば、他者に関わり、他者を理解できるようになる、と言うのです。だからこそ孔子は、堯曰篇《ぎょうえつへん》で「言《げん》を知《し》らざれば、以《もっ》て人《ひと》を知《し》ること無《な》きなり（言葉を知らなければ、相手を知りようもなく、人とつながることができない）」と述べているのです。

今、人とのつながりの大切さが説かれています。人とつながる方法はいろいろありますが、言葉は、それを実現させる重要な手段の一つです。多くの文学作品に触れ、言葉を知り、その使い方に磨きを掛けたいですね。

一章《いっしょう》

子曰《しい》わく、道《みち》に聴《き》きて塗《みち》に説《と》くは、徳《とく》を之《こ》れ棄《す》つるなり。

（陽貨《ようか》第十七・十四）

訓読文《くんどくぶん》

子曰《ワク》、道《ニ》聴《キテ》而塗《ニ》説《クハ》、徳《ヲ》之レ棄《ツル》也。

孔子《こうし》が言った。「道を歩いている途中で誰かから良い話を聞いたとき、自分ではまだ身に付いてもいないのに、道々出会った友人・知人にそのまま話すことは、自分を成長させるためのせっかくの教えを自分から捨てるようなものだ」

注《ちゅう》「塗」は、「途」と同じで「みち」のこと。

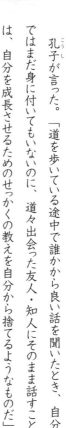

知識をしっかり身に付け知恵に

良い言葉・良い教えを聞いたとき、それを独り占めにしないで、すぐに人に話して聞かせることが、どうして徳を捨てることになるのでしょう。きっと疑問を抱かれたことでしょう。孔子《こうし》は、学んだら、それをしっかりと身に付けることが大切であると考えていたのです。だから、人から聞いたことを、まだ自分で習熟・体得してもいないのに人に話して聞かせ、それでこと足りると考えるようでは、せっかく投げかけられた、成長できるかもしれないチャンスを地に捨てるようなものだと言っているのです。過激と言えば過激な言葉ですが、これは学問に対する孔子の考え方が強く表れた言葉なのです。

『論語』学而篇《がくじへん》に、弟子の曽参《そうしん》が、日々、わが身を省みる三つの事項の中の一つに「習《なら》わざるを伝《つた》えしか（教わったことを習熟・会得してもいないのに人に語り伝えたことはなかったか）」と掲げていますが、この孔子の教えは、弟子たちに強く支持され、このように継承されていたのです。

こうした考え方は、なにも孔子やその弟子に限ったことではありません。戦国時代末期に活躍した荀子《じゅんし》も、その著『荀子』勧学篇《かんがくへん》で「君子《くんし》の学《がく》は耳《みみ》より入《い》りて心《こころ》に著《つ》き四体《したい》に布《し》きて動静《どうせい》に形《あら》わる。……小人《しょうじん》の学《がく》は耳《みみ》より入《い》れば口《くち》より出《い》ず。口耳《こうじ》の間《かん》は財《わず》かに四寸《よんすん》（約9センチ）のみ。曷《な》んぞ以《もっ》て七尺《しちせき》（約《やく》1・62メートル）の躯《からだ》を美《び》とするに足《た》らんや」と言っています。君子（立派な人）の学問のありようが、耳から入ったものが体中に行き渡って行動にも表れるのに対して、小人（つまらない人）の学問は、耳から入ったことが口から出ていく。どうして己の体全体を立派にすることができようかと言っているのです。学問というものは、広い教養となり知恵となって、その人本人の身を潤すものでなくてはならないからです。

孔子や曽参、荀子が言うように、学んだ知識がしっかりと身に付いて知恵となり、日々の己自身の立ち居振る舞い・生活の中で生かせるとなると、そんなすてきなことはありません。それに対して、自分にはできもしないことを、まことしやかに人に話して聞かせるのは無責任と言えばなんとも無責任なことですね。

（陽貨《ようか》第十七・二十四）

一章《いっしょう》

子《し》曰《い》わく、勇《ゆう》にして礼《れい》無《な》き者《もの》を悪《にく》む。（子《し》貢《こう》曰《い》わく）不孫《ふそん》にして以《もっ》て勇《ゆう》と為《な》す者《もの》を悪《にく》む。

訓読文《くんどくぶん》

子曰ワク、悪ム二勇ニシテ而無キレ礼者ヲ一。

（子貢曰ワク）悪ム二不孫ニシテ以テ為スレ勇ト者ヲ一。

孔子《こうし》の言葉。「勇気だけあって礼儀をわきまえない人を憎む」。（子貢の言葉）「傲慢・不遜であることを勇気だと思っている人を憎みます」

注《ちゅう》 「不孫」は「不遜」のことで、傲慢・高慢なことを言う。

豆《まめ》知《ち》識《しき》 ◆君子《くんし》三畏《さんい》

徳を備えた人物には、おそれ慎むものが三つあるということ。出典は『論語』季氏篇《きしへん》。「孔子《こうし》曰《い》わく、君子《くんし》に三畏《さんい》あり。天命《てんめい》を畏《おそ》れ、大人《たいじん》を畏《おそ》れ、聖人《せいじん》の言《げん》を畏《おそ》る（孔子の言葉。『徳も高く、教養を広く身に付けた人、つまり君子には、おそれ慎むものが三つある。天が人に与えた使命をつつしみ大切にすること。徳のある立派な人には敬意をもって接すること。聖人が遺した言葉に慎んで耳を傾けること。この三つのことである』）」と見えています。

勇気は「義」と「礼」が伴ってこそ

この一章は「勇気」の本質について説き明かそうとしています。

ある時、弟子の子貢《しこう》が先生に「徳のそなわった君子にも、腹立たしく思うことがあるのでしょうか?」と尋ねたところ、「どれほどできた君子にも、それはある」と答えた孔子《こうし》がいくつか挙げた例の一つが、この言葉です。子貢の言葉もありますが、これは反対に孔子から「お前にも憎むものがあるか」と尋ねられて、答えたものです。つまり、師弟共々に勇気がどういうものであるかを取り違えている人を道義的に許せないとしているのです。詳しく言うと、孔子は、勇気はあるのだけれど礼節を知らず、それどころか礼儀など不要だと排除するような振る舞いが勇気だと勘違いしている者を憎むと言い、対する子貢は、謙虚さとは程遠い傲岸不遜な振る舞い、それこそが勇気だと勘違いしている人を憎むと言っているのです。つまり、二人が了解しあっている勇気とは、傲岸不遜で思慮の足りない「蛮勇」とか「空威張り」「虚勢」といったものとは無縁な、礼節を踏まえた上での、物怖じしない意気・気概であったということです。

では、礼節を欠如した勇気は、どうして良くないのでしょう。泰伯篇《たいはくへん》に見えています。「子曰《しい》わく、勇《ゆう》にして礼無《れいな》ければ則《すなわ》ち乱《みだ》る（先生《せんせい》が言《い》われた。『果敢《かかん》に立《た》ち向《む》かおうとするだけで節度（礼）が無ければ、秩序を乱してしまう』）」。つまり、「勇気」という美徳も、「礼」なくしては、かえって世の秩序を乱してしまうことになると説かれているのです。

また、孔子は、真の勇気は、正しさ（義）と節度（礼）とが伴ってこそ、意味のある行動となるのだと、陽貨篇《ようかへん》で述べています。「子路曰《しろい》わく、君子《くんし》は勇《ゆう》を尚《とうと》ぶか。子曰《しい》わく、君子《くんし》は義《ぎ》以《もっ》て上《かみ》と為《な》す。君子《くんし》、勇《ゆう》ありて義《ぎ》なければ乱《らん》を為《な》す（子路が『君子は勇気を貴ぶものですか？』と尋ねた。孔子は『君子は勇気を貴ぶが、それよりまず正義を優先する。勇気があるだけで義がないと、それは反乱になりかねない』と答えた）」

いまひとつ、為政篇《いせいへん》に簡潔ですが、力強い「義《ぎ》を見《み》て為《せ》ざるは、勇無《ゆうな》きなり」という言葉があります。正しいと分かったら、尻込みをしてはならない。果敢に、しかも節度を保って行動しなさいと言うのです。勇気とは、そういうものなのですね。

一章《いっしょう》

子貢《しこう》曰《い》わく、君子《くんし》は一言以《いちげんもっ》て知《ち》と為《な》し、一言以《いちげんもっ》て不知《ふち》と為《な》す。
言《げん》は慎《つつし》まざるべからざるなり。

（子張《しちょう》第十九・二十五）

訓読文《くんどくぶん》

子貢曰ワク、君子ハ一言以テ為シレ知ト、
一言以テ為ス二不知ト一。言ハ不ルレ可カラレ不ルレ慎マ也。

その意《い》味《み》は…

（弟子の）子貢が言った。「人の上に立つ君子は、ただ一言（良いことを）口にしただけで賢者と見なされることもあれば、（それとは逆に）たった一言（まずいことを）言っただけで愚か者だと見なされもします。口にする言葉に対しては、いやが上にも慎重でなくてはなりません」

王様《おうさま》！ 日照《ひで》りで 水不足《みずぶそく》のため コメが できません！
民《たみ》は飢《う》えて おります
ごはんがないなら お肉《にく》を食《た》べれば いいのにねぇ
は!?
なに 言《い》ってんだ この人《ひと》!?
ということを つい ポロッと 言《い》ってしまった 王様《おうさま》がいたらしい
えー サイテー
王様《おうさま》なのに そんなこと 言《い》うの？
そういう 問題《もんだい》じゃ ないのに…
口《くち》に出《だ》した 言葉《ことば》は 簡単《かんたん》には 取《と》り消《け》せぬ みなも 気《き》をつけなさい
SNSも 気《き》を つけような！
そだねー

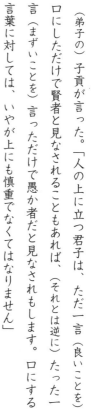

言葉は慎重に選ぼう！

頭脳明断で、その上能弁だった弟子の子貢《しこう》に対して、孔子《こうし》は、言葉よりも実践が大切だとしばしば教え聞かせていました。その子貢が、人に対して「口にする言葉は慎重に！」と言っているのですから、孔子の教えが功を奏したのであろうとほほ笑ましくなります。

冒頭に掲げた子貢の言葉は、実は、長い一章の中のほんの一部分です。少し補足しましょう。ある時、陳子禽《ちんしきん》から「子貢さんは謙遜なさるが、お師匠の孔子より賢いのではありませんか。先生に対して、どうしてそんなに恭しい態度を取るのですか」と問い掛けられ、子貢が、そんな愚かなことを言うべきではないと陳子禽をたしなめたのがこれなのです。子貢の言葉は続きます。「私が先生に及びもつかないのは、例えれば、天に昇ろうとして梯子を掛けても、ついには昇られないのと同じようなものです。先生がもしある国の政治を行われたとなると、世間で『国民の生活を確立させようとすれば直ちに民生は確立し、国民を導こうとすればたちまちのうちに民は教化され、国民を安楽にさせようとすれば直ちに他国の人までが慕い寄ってくるし、国民を激励すればたちまちのうちに国民は睦み合う』と言われている通りのことがおできになられるでしょう。（中略）このような先生に私などとうてい及ぶことなどできません」と述べているのです。

ところで、子貢が言葉には気を付けるべきだと述べた、もう一つ面白い一章が顔淵篇《がんえんへん》にあります。ある時、衛国《えいこく》の大夫・棘子成《きょくしせい》が「君子は天性の生地を大事にしていれば、それで良い。文化や教養でもって飾り立てる必要などない」と言うのを聞きつけて、子貢が「あのお方が君子についてお説きになられたことは、なんとも残念なお言葉だ。過ったことをいったん口に出したが最後、四頭立ての迅速な馬車で追いかけたって、追いつけもしなければ、取り消すこともできない」と批評しているのです。

ところで、皆さんがよく利用するインターネットはとても便利です。しかし、軽い気持ちで書いた無責任な言葉が一度ネット上に載ると、思わぬところにまで拡散して取り消しができなくなることがあります。人や自分をも傷つけ、後悔してもどうにもならないことになってしまうのです。子貢が教える「言葉は慎重に！」は、今も昔も変わりませんね。

一章《いっしょう》

孔子《こうし》曰《い》わく、礼《れい》を知《し》らざれば、以《もっ》て立《た》つこと無《な》きなり。

（堯曰《ぎょうえつ》第二十・五）

訓読文《くんどくぶん》

孔子曰ワク、不レバレ知ラレ礼ヲ、無キ二以テ立ツコト一也。

その意味《いみ》は…

孔子《こうし》の言葉。「この世の中で人がお互いに気持ちよく生きていくためには、お互いに守らなければならないルールやエチケットがあります。（それを「礼」とか「礼節」といいますが）その礼・礼節を身に付けていなければ、一人前の人とは思ってもらえないものです」

この一大《いちだい》プロジェクトを
どちらに任《まか》せるか……
ペコリ
失礼《しつれい》いたします
お呼《よ》びでしょうか？
あ！上司殿《じょうしどの》ヂィーッス!!
なんか用《よう》ッスか？
ひょい
担当者決定《たんとうしゃけってい》・・・
仕事《しごと》できても
あれはないわー

人と人 気持ちよく結びつける礼

みなさんは、「ありがとう」「ごめんなさい」「おはようございます」「さようなら」など、しっかり挨拶ができていますか？　心を込めてはっきりそれが言えれば、お互いに気持ちよく過ごせます。そもそも挨拶の「挨」とは（自分の心を）「開く」、拶とは「迫る」という意味です。つまり、挨拶とは「さぁ、私はあなたに心を開きましたよ。あなたは、どうです。私に心を開いてくれますか？」といった意味です。そうだとすれば、挨拶が人と人とをつなぐ大事なことだということが分かります。挨拶がしっかり身に付いていることは、礼の第一段階ができたことになります。

礼は挨拶に始まりますが、人との関わりの上で大切なのは、言葉のやり取りの際の「もの言い」です。日本には「敬語」という素晴らしい言語文化があります。年長者、あるいは目上の人に対する言葉遣いと、幼少者に対するもの言いとは使い分けます。心を込めて敬語を正しく使うのも礼の一つです。

これらは、人と人とを気持ちよく結びつけるために働いている礼だといえます。

礼にはこれ以外にもさまざまなものがあります。いま一つ例をあげてみましょう。小学校に入学した最初に「入学式」がありましたね。これは学校行事として大切な儀式で、この儀式もまた礼の一つです。新入生は、その入学式で「小学生になった！　大きくなったなぁ！　勉強や運動をがんばろう！」と、小学生としての自覚を強くすることでしょう。そして、小学校側は、入学式を通して新入生一人ひとりが、小学生だという自覚と誇りを持ち、それに恥じない行動をしようといった覚悟と自負が生まれてくれることを願って、入学式を厳粛に行うのです。「志学式」、「成人式」もこれと同じです。

こう見てくると、礼には人と人とを気持ちよく結びつけたり、一人ひとりの年齢に応じた自覚や自負を促したり、この他にも形も働きもさまざまなものがあります。

人と人とが関わり合う中で、美しい言動となって現れる礼節を身に付けて行動できれば、孔子が言う通り、それは、自分の立ち位置がしっかり理解できていることでもあり、人から一人前の人として評価されることでしょう。

あとがき

今、なぜ『論語』なのでしょう。その前にまず、あなたは、『論語』という言葉を耳にされたとき、どんなことをイメージされるでしょうか。『論語』は、応神天皇の時代、王仁《わに》によって百済から日本へ持ち込まれてから、ほぼ千七百年という長い歳月の間、さまざまに読み継がれ語り継がれてきました。『論語』にとって不幸だったのは、特に江戸時代・徳川幕府によって、孔子の思想が政治支配の道具として取り込まれ、封建道徳を支える役割を担わされたという歴史です。そして、この考え方は明治・大正・昭和の第二次世界大戦の終結まで続きました。

しかしながら、そうした歴史の呪縛から解き放たれて二十一世紀を生きている私たちは、孔子に冠せられてきた「聖人」のレッテルも外して、生身の人間としての孔子に直接に迫ることができるのです。だから、今こそは、中国の春秋時代という動乱期を、自己練磨しながら誠実に生き抜いた孔子の言葉に、『論語』を介して、対峙し耳を傾けてほしいのです。折しも日本は、孔子が生きた春秋時代の如く、世の行き詰まりと混乱を呈しています。人としての生き方・在り方を説き明かしている『論語』を、自らの人生経験に照らし合わせて味読するとき、共感と共に多くの示唆を得ることができるでしょう。「聖人」のベールを脱いだ生身の孔子は、熱くも頼もしくも慕わしい人物として、ぐっと私たちに近づいてくるに違いありません。それこそが、『論語』を読む醍醐味と言えましょう。

本書が『論語』に触れるきっかけとなり、多くの方々が、『論語』に興味関心を抱いていただけることになればと願っています。幸いにも、優れた解説書がたくさんに出回っています。座右に一冊を買い求められ、折節に読み味わって頂ければと願ってやみません。

なお、本書は学術書ではないので参考文献を逐一挙げていませんが、多くの先人の注解を参考にしました。ここにお断りをすると共に、お礼を申し上げます。

最後に、山陽新聞社が発行する子どもしんぶん「さん太タイムズ」の連載と、本書出版に当たってご尽力いただいた同社の皆さまに、そして、毎月掲載される記事に目を通し、感想を寄せ激励し続けてくださった畏友・戸村彰孝氏に、深甚の感謝を申し上げます。

二〇二〇年八月

森 熊男

子どもしんぶん「さん太タイムズ」掲載日一覧

（※太字は本書に収録したもの。上から順に「さん太タイムズ」掲載番号、本書掲載番号、タイトル、掲載日、本書掲載ページの順）

1 **（一）　故きを温ねて新しきを知れば……二〇一四年十月五日　24**
2 利に放りて行えば、怨み多し……二〇一四年十一月二日
3 **（十一）　徳は孤ならず。必ず鄰あり……二〇一四年十二月七日　64**
4 言　忠信、行　篤敬ならば……二〇一五年一月四日
5 **（二十九）　歳寒くして、然る後に松柏の彫むに……二〇一五年二月一日　136**
6 **（二十五）　三人行えば、必ず我が師有り……二〇一五年三月一日　120**
7 **（四十七）　過ちて改めざる、是を過ちと謂う……二〇一五年四月五日　208**
8 **（五）　学びて思わざれば則ち罔く……二〇一五年五月三日　40**
9 **（十六）　老者は之を安んじ、朋友は之を信じ……二〇一五年六月七日　84**
10 **（五十二）　礼を知らざれば、以て立つこと無きなり……二〇一五年七月五日　228**
11 **（四十四）　人にして遠き慮り無ければ……二〇一五年八月二日　196**
12 **（八）　曽子曰わく、夫子の道は、忠恕のみ……二〇一五年九月六日　52**
13 **（三十一）　内に省みて疚しからずんば……二〇一五年十月四日　144**
14 人、能く道を弘む。道、人を弘むるに非ず……二〇一五年十一月一日
15 **（三十三）　君子は人の美を成す。人の悪を成さず……二〇一五年十二月六日　152**
16 **（二十一）　文質彬彬として、然る後に君子なり……二〇一六年一月三日　104**
17 之に居りては倦むこと無く……二〇一六年二月七日

78 子曰く、君子は仁を去りて、悪くにか名を成さん……二〇二一年三月七日
79 子曰く、邦に道有れば、言を危くし行いを危くす……二〇二一年四月四日
80 子曰く、これを知る者は、これを好む者に如かず……二〇二一年五月二日
81 子曰わく、片言以て獄を折むべき者は、其れ由なるか……二〇二一年六月六日
82 子貢、告朔の餼羊を去らんと欲す……二〇二一年七月四日
83 子曰わく、回や、其の心、三月、仁に違わず……二〇二一年八月一日
84 仁者は憂えず、知者は惑わず、勇者は懼れず……二〇二一年九月五日
85 厩焚けたり。子、朝より退きて曰わく、人を傷えりや……二〇二一年十月三日
86 孔子対えて曰わく、俎豆の事は則ち嘗て之を聞けり……二〇二一年十一月十四日
87 夫子憮然として曰わく、鳥獣は与に群を同じくすべからず……二〇二一年十二月五日
88 子曰わく、天、徳を予に生ぜり……二〇二二年一月九日
89 子曰わく、之を如何、之を如何と曰わざる者は……二〇二二年二月六日
90 子貢曰わく、斯に美玉有り……二〇二二年三月六日
91 子曰わく、三年学びて穀に至らざるは……二〇二二年四月三日

【著者紹介】

森　熊男（もり　くまお）

1944（昭和19）年、岡山県新見市生まれ。岡山大学名誉教授。東京大学大学院人文科学研究科博士課程（中国哲学専攻）単位取得退学。中国思想の研究・教育に従事し、岡山大学教育学部教授、同学部附属小学校長、私立就実小学校長など歴任。岡山市在住。

クマ先生《せんせい》とよむ論語《ろんご》

発行日　2020（令和２）年10月20日　初版第1刷発行
〃　12月25日　初版第2刷発行
2021（令和３）年　2月11日　初版第3刷発行
2022（令和４）年　4月27日　初版第4刷発行

著　者　森《もり》　熊男《くまお》　© Kumao Mori 2020

発行人　日下知章

発　行　株式会社山陽新聞社
〒700-8534 岡山市北区柳町二丁目１番１号
電話 (086)803-8164　FAX.(086)803-8104

イラスト　かたやま ゆか

デザイン　尾上光宏

印　刷　モリモト印刷株式会社

ISBN978-4-88197-762-0
※乱丁・落丁本はご面倒ですが小社ビジネス開発局宛にお送りください。
送料小社負担にてお取り替えいたします。
※定価はカバーに表示してあります。